www.ingramcontent.com/pod-product-compliance
Lightning Source LLC
LaVergne TN
LVHW011944070526
838202LV00054B/4792
9788119022571

گرد باد

(شاعری)

مصنف:
عزیز قیسیؔ

© Taemeer Publications
Gard Baad *(poetry)*
by: Aziz Qaisi
Edition: March '2023
Publisher & Printer:
Taemeer Publications, Hyderabad.

ISBN 978-81-19022-57-1

مصنف یاناشر کی پیشگی اجازت کے بغیر اس کتاب کا کوئی بھی حصہ کسی بھی شکل میں بشمول ویب سائٹ پر اَپ لوڈنگ کے لیے استعمال نہ کیا جائے۔ نیز اس کتاب پر کسی بھی قسم کے تنازع کو نمٹانے کا اختیار صرف حیدرآباد (تلنگانہ) کی عدلیہ کو ہو گا۔

© تعمیر پبلی کیشنز

کتاب	:	**گرد باد (شعری مجموعہ)**
مصنف	:	**عزیز قیسی**
صنف	:	شاعری
ناشر	:	تعمیر پبلی کیشنز (حیدرآباد، انڈیا)
زیر اہتمام	:	تعمیر ویب ڈیولپمنٹ، حیدرآباد
تدوین / تہذیب	:	مکرم نیاز
سالِ اشاعت	:	۲۰۲۳ء
تعداد	:	(پرنٹ آن ڈیمانڈ)
طابع	:	تعمیر پبلی کیشنز، حیدرآباد - ۲۴
صفحات	:	۱۶۰
سرورق خطاطی	:	سعادت علی خان

کہکشاں اقبال

دانش

اور

منیزہ

کے نام

عزیز قیسی کے مرنے کے بعد دنیا میں
بہت اداس ہوں یارو بہت اکیلا ہوں

پیش لفظ

نظمیں

۱۹	آئینہ در آئینہ کی آخری نظم	شبِ ہجر	۴۴
۲۲	تاریخ	گناہ بے سبب	۴۵
۲۳	تری مری عمر کا سمندر	پورے چاند کی رات	۴۶
۲۵	تسلسل	انتظار کی رات	۴۷
۲۶	یٰاَیُّھَاالجِنُّ	اِک ذرا چھیڑیئے	۴۸
۲۹	پھل پائی	ایک قطرہ ایک قلزم	۴۹
۳۲	ڈائن	آوازیں	۵۳
۳۴	جشنِ میلادِ امروز	لباسِ برہنگی	۵۶
۳۶	شہرِ خدا ترساں میں	نیند	۵۸
۳۸	مہانگری میں	کعبۂ دل	۵۹
۴۰	دعائے باراں	دہانِ زخم	۶۰
۴۲	نوا گرانِ نخوردہ گزند	کہو کچھ تو کہو	۶۲
		کہیں ایسا تو نہیں	۶۳
		پسِ عمرِ ہجر	۶۴
		نغمۂ ابد	۶۶

غزلیں

کہیں نگاہ کہیں لب کہیں زباں ہوگا ۶۹

اُلجھاؤ کا مزہ بھی تری بات ہی میں تھا ۷۰

مہکا ہوا پھولوں سے دامان دل دھاں ہے	72
جتنے تھے رنگ حسن بیاں کے بگڑ گئے	73
اُنہیں سوال ہی اگتا ہے میرا رونا بھی	75
رباعی	76
آپ کو دیکھ کر دیکھتا رہ گیا	77
زخم ہے سینہ ابھی تلوار ہے احساس ابھی	78
کب تک اے موج ہوا تو بجھائے مجھ کو	79
بلا کشوں پہ کہاں پیاس کا عذاب نہ تھا	81
ہیں بام و در کے جسم کٹے اور جلے ہوئے	82
رباعی	83
ہر شام جلتے جسموں کا گاڑھا دھواں ہے شہر	84
ہر لمحہ بے نرم سوالی لگتا ہے	86
دروازہ قد سے چھوٹا ہے سر کو جھکائیے	87
اِدراک کو مرے جینے سے علاقہ ہو گا	89
یہ سمندر ہے بر ستا پانی	91
سکتے چاند سے بجھتے چراغ کی لَو سے	92
رباعی	93
ایک سکون کی حسرت دل کو راس آئی تنہائی میں	94
خود میں گم ہے ہر رہ رو اور راہ بر تنہا	95
دلداری جام و ماہ چلے	96
رباعی	97
دل خستگاں در دیکا آذر کوئی آئے	98
کھٹکتا ہے جو رہ رہ کر کوئی تیر نظر آ بھی	99
دفاعاً اُن کے نہ اپنے ہی بس میں کیا کیجئے	101
شاخ گل کے کانپنے جلنے پر رنج جاتا ہے دل	103
پھر ہوئی دل کے ٹوٹنے کی صدا عام بہت ہم	104
سیرابی ابد ہے نہ پل بھر کی پیاس ہے	106
بے سبب روٹھنے منانے کا چلن یاد آئے	108
مثا کے انجمن آرزو صدا ہے	110
وقت نے سب تحریر کیا ہے خد و خال ہے	
کیا گزری	112
سب کو نقیص ہے ہم سا کوئی دوسرا نہیں	113
آسماں چپ لب دعا کی طرح	114
ماتھے لکھ پر زلف پڑی ہے	116
دعا کی چیز ہے باب اثر کیا	118
اُبھڑے دلے آنسو کی طرح بے اختیار آ	120
مغرب نہیں خواب آ بچھڑے نہیں ہے تعبیر تر میں	121
نہ دل بس میں نہ دل برد ست رس میں	122
پارسائی نہ اپنے کام آئی	124
تمیز اپنے میں عزیز میں کیا نہیں جو اپنا نہ کر سکے ہم	125
تمہارا غم موجود ہے اُن کا غم بہانہ تو رو لیتے	128

۱۲۹	لہو کے دیپ بسکتے ہیں کوئی اکسائے
۱۳۰	ترسی ہوئی آنکھوں کو ایک جام پلا ساقی
۱۳۱	رباعی
۱۳۲	ہونٹ کچی کلیاں ہیں اور گلاب ہے چہرہ
۱۳۳	آہ بے اثر نکلی نالہ نارسا نکلا
۱۳۴	عالم یہ بے نقاب ان کی ملاقات سے پہلے
۱۳۵	دشت میں شور ہاد و ہُو بھی نہیں
۱۳۶	دنیا بہ ستائے تو دہ کیوں کر ہمیں یاد آئے
۱۳۷	اپنو لے کرم سے یا قضا سے
۱۳۸	دشت اپنا نہ گھر کہاں جائیں
۱۳۹	کوئی پیام بھی آیا تو نہ نام آیا
۱۴۰	کوئی فریاد نہیں شکوہ بے داد نہیں
۱۴۱	رباعی
۱۴۲	وہ بادل جو دھرتی کی پیاس مجھ بجھانے آتے ہیں
۱۴۳	چھکی افشاں دکھتی بند یا چھلکتے چھمر سنبھلتا گہنا
۱۴۴	مرا فسانہ مکمل بھی ناتمام بھی ہے
۱۴۵	میرے رونے پر عجیب چھپ کر اُن کا رونا
۱۴۶	ہائے رے ہائے
۱۴۷	کچھ کو شکوہ نقا کہ اس بزم میں تھے
	نشہ در میں

۱۵۲	بگڑے تیور بھرا عالم زلف میں ساون
	نین میں ساون
۱۵۳	لے رُو دار ترا ہم مجبور جیسے دنیا میں بھٹک
	کر جی ویسے گے
۱۵۴	ہر آنکھ ہو ساگر ہے میاں ہر دل بقدر
	ستاتا ہے
۱۵۵	رات کی رات چراؤ کا سیہ کو چکی دھوں
	سویرے
۱۵۶	گرتے ہوئے گھر رشتے ویرانے ہو ئے چہرے
۱۵۷	رباعی
۱۵۸	کرتے رہو زخموں کا بیاں کون سنے گا
۱۵۹	ہر حسیں شخص کو کب چاہتے ہیں
۱۶۰	عطا کے نام پہ کیسے ملی سزا مجھ کو

من قماشِ فروشے دلِ صد پارۂ خویشم

میں خود اپنا جشن منا رہا ہوں اپنے (لئے) گیت خود گا رہا ہوں۔
میں اپنے آپ کو جو سمجھتا ہوں آپ بھی وہی سمجھیں گے
کیونکہ ہر اچھا جوہر جو مجھ میں ہے آپ میں بھی ہے
میں ہرزہ گردی کر رہا ہوں اپنی روح کو دعوت دے کر
میں اپنی مرضی سے چلتا رکتا ہوں، اور دیکھتا ہوں
گرما کی گھاس (کی پتی) کا نیزہ
میری زبان ـــ میرے لہو کی ایک ایک بوند
اسی ہوا اور اسی مٹی سے بنے ہیں
(۳۷) برس کی مکمل صحت مند عمر میں آج یہ امید کر رہا ہوں
کہ موت کے آنے تک میں ایسے ہی (باقی) رہوں گا
مسالک حیات اور مکاتیبِ خیال (کچھ دیر) التوا میں پڑے رہیں
وہ جس حالت میں ہیں، انہیں نہ بھولتے ہوئے
میں خیر یا شر کو اپنے دل میں جگہ دے کر
انھیں بے خطر بولنے کی اجازت دے رہا ہوں

(والٹ وٹ مین)

والٹ وٹ مین نے اپنے لئے گیت اس وقت گائے تھے جب اُس کی عمر (۳۵) برس تھی اور میں اپنے گیت اِس وقت گا رہا ہوں جب میری عمر (۵۴) برس ہے اور ادبی عمر لگ بھگ ۳۰ برس ہے۔

میں نے ادب کی ہر صنف میں طبع آزمائی کی ہے۔ شعر کہے، افسانے لکھے، اسٹیج

اور ریڈیو کے لئے ڈرامے لکھے۔ فلموں کی کہانیاں، منظرنامے اور مکالمے لکھے۔ تنقیدیں اور تبصرے لکھے۔ لیکن نہیں لکھا تو اپنے بارے میں۔ اس پبلسٹی کے دور میں اپنے آپ پر لکھنا اور لکھوانا کتنا ضروری ہے میں جانتا ہوں۔ خود تشہیری کے ہتھکنڈے اور اپنے آپ کو پروجیکٹ کرنے کے ہنر سے واقف نہیں ہوں ایسا بھی نہیں ہے۔ لیکن اپنے آپ پر لکھنے سے اب تک اس لئے جھجکتا رہا ہوں کہ خودنمائی اور خودستائی کو اپنے خاندانی پس منظر کے سبب عیب سمجھتا رہا ہوں۔ اب یقین ہو چکا ہے کہ یہاں کوئی نہیں جو "سخن فہم" ہو اور غالب کا طرفدار نہ ہو۔ اس لئے خود اپنے آپ پر لکھ رہا ہوں۔

میری پہلی کتاب "آئینہ در آئینہ" کا دیباچہ وحید اختر نے لکھا تھا جو مجھ سے عمر میں چھوٹے ہیں۔ مجھے تو اس میں کوئی قباحت نظر نہ آئی لیکن میرے ہم عمر اور سینئر احباب کو اپنے سے چھوٹی عمر کے ادیب سے دیباچہ لکھوانا۔ عمل قبیح نظر آیا۔ میں نے اس لئے فیصلہ کیا کہ اب خود اپنے آپ پر لکھوں گا۔ ہو سکتا ہے کہ میرے احباب اور سینئر حضرات کو یہ عمل قبیح تر نظر آئے۔

مجھے اپنی تعریف تو ایک طرف، دوسروں کی تعریف کرتے ہوئے بھی یہ احساس ہوتا ہے کہ کہیں میری تعریف کو ممدوح موصوف خوشامد نہ سمجھ لیں اور ان کے دل میں یہ خیال نہ آئے کہ میں ان کی پیٹھ اس لئے کھجا رہا ہوں کہ وہ میری پیٹھ کھجائیں۔ جن کی تحریریں مجھے پسند ہیں انہیں بھی میں توصیفی خطوط نہیں لکھتا جب کہ یہ رسم عام ہے۔ میں کتنے ہی ایسے ادیبوں اور شاعروں کو جانتا ہوں جن کی شہرت اُن کے ذاتی خطوط کی وجہ سے ہے جتنے خط انھیں وصول ہوتے ہیں اس سے دوگنے چوگنے خط وہ روز اپنے نادیدہ دوستوں مداحوں، رسالوں کے مدیروں اور نقادوں کو لکھتے ہیں اس لئے ان کی ذات خاصاں ادب کی صف میں نظر آتی ہے۔ رسالوں میں ان کی تخلیقات مشاہیر کے ساتھ چھپتی ہیں اور اربابِ نقد و نظر کے داد وستد میں ان کے نام جلی حروف میں لکھے ہوئے ہیں۔

پٹھان ہوں۔ پٹھان کے بے حد خوددار، ضدی سرکش، زود رنج، زود پشیماں گھرانے میں پیدا ہوا ہوں۔ ایسے باپ کا خون رگوں میں ہے جس نے بہت چھوٹی عمر میں (جب وہ گیارہ برس کا تھا) اپنے حقیقی چچاؤں کی کمینگی کی وجہ سے

گڑھی زمین جائیداد سب چھوڑ دیا تھا اور یتیم بے سہارا، دل گرفتہ، ایک بڑے شہر میں تنہا زندگی گزارنے آیا تھا جس نے اس عمر میں سخت سے سخت جسمانی محنت کی۔ سپاہی بنا۔ خود تعلیم حاصل کی۔ اچھی ملازمت حاصل کی۔ جو اُس زمانے کے نوجوانوں کا منتہا اور مقصود تھا۔ عربی، فارسی اور اردو کی چار پانچ کتابیں پڑھنے کے باوجود جو اپنے محلے کے ذہین لوگوں کا سرگردہ رہا۔

میرے بچپن نے یہی سنا کہ دولت بدترین لعنت ہے۔ خودداری اور عزت نفس مرد کا سب سے بڑا جوہر ہے۔ قناعت، استغنا، ارباب اقتدار سے بے زاری اور بے تعلقی اصل کردار ہے۔ اپنے باپ کو متوسط طبقے کا فرد ہوتے ہوئے بھی "بے طبل و علم و ملک و مال" ہونے کے باوجود، معزز و محترم دیکھنے کے سبب میرا بھی یہ ایمان راسخ ہے کہ احترام اور عزت کا تعلق دولت سے نہیں۔

زمانہ ساز تھا قیسیؔ نہ زر شناس مگر
عزیز کیسے تھا جو شخص کامیاب نہ تھا

شاید اس لئے جب میں نے ۱۹۵۱ء سے ۱۹۵۷ء تک حیدرآباد میں بہت روپیہ کمایا، کبھی اس کمائی کو عزت و تکریم کے حصول کی خاطر خرچ کرنے کا خیال میرے ذہن میں نہیں آیا۔ نہ اُن لوگوں کی طوطا چشمی پر مجھے حیرت ہوئی جو روپیہ ختم ہوتے پر مجھ سے تعلق توڑ گئے۔

میری ماں سیدانی تھیں۔ "چونے کی کھیر کھانے والے اور پانی کے چراغ جلانے والے سیدوں کے خانوادے سے تھیں۔" اَن پڑھ تھیں مگر بے شمار فارسی کی کہاوتیں اور ضرب الامثال ان کے نوکِ زبان تھے۔ امام جعفر صادق کی نیاز کے وقت سنائی جانے والی لکڑہارے کی دردناک داستان سے پریوں، جنوں، راکھشسوں اور دیوزادوں کی کہانیاں انہیں یاد تھیں۔ پیرانِ پیر کی کرامتوں سے لے کر نقشِ ہندی فقیروں کی حکایتیں انہیں یاد تھیں۔"

گھر میں میلاد شریف کی شبینہ محفلیں ہوتی تھیں۔ محرم میں شہادت نامہ پڑھا جاتا تھا۔ والد مرحوم کو ستار سننے کا شوق تھا۔ رات رات بھر وہ ستار کی گت اور جھالے پر وجد کیا کرتے تھے۔ قرآن لحن سے پڑھتے تھے اور نعتیں اکثر گنگنایا کرتے تھے۔ میرا بچپن انہیں سُروں آوازوں، لفظوں اور منظروں سے آباد رہا ہے۔ جہاں مذہبیات، اخلاقیات کے درس، انسان اور خدا کے پُراسرار ربط و جذب کے ملفوظات، قرآن و حدیث کی دلگداز تعبیریں اور تفسیریں، تکبیریں، اذانیں، قصیدے، نعتیں، منقبتیں، دعائیں اور مرثیے اور ستار کی دل کو کاٹنے والی ضربیں میرے شب و روز کا سرمایہ تھیں وہیں خاندان کی سپاہ پیشگی کی گھن گرج، شہ زوروں شہسواروں کے نعرے، گھوڑوں کی ٹاپوں اور جنگلوں پہاڑوں کے شور کی گونج سے میری آواز اور الفاظ کا خمیر اٹھا ہے۔ مری شاعری میں، یہی بلند اور مدھم سُر دبتے اُبھرتے دھاروں کی طرح آپ کو ملیں گے۔

۴۸ء تک حیدرآباد کی ریاست اور اس کے ساتھ جاگیرداری اخلاق و استحصال کی عمارت ڈھ گئی۔ قدروں کی شکست و ریخت۔ اخلاق کا دوغلاپن، تہذیب کا زوال میں نے "جدید دانشوروں" کی تحریروں میں نہیں اپنی آنکھوں کے سامنے ہوتی ہوئی تصویروں میں، منظروں میں دیکھا ہے۔ اپنے سینے میں اس زہر کو اُترتے اور رگوں میں پھیلتے محسوس کیا اور جھیلا ہے۔ میرا کمیونسٹ تحریک سے تعلق اسی وجہ سے ہوا کہ مارکسزم نے مجھے اس شکست و ریخت کو سمجھنے کی نظر دی۔ احتجاج کو معتبر بنایا۔ درد کو طاقت اور اقتدار اور دولت سے برگشتگی کو ایمان کے استقامت کی سند عطا کی۔

میں نے اپنی ادبی زندگی کا آغاز ہجوم سے کیا ہے۔ پبلک مشاعروں اور سیاسی جلسوں کے ہجوم سے۔ جہاں بلند آہنگی کو مقبولیت ملی۔ لیکن ۵۶ء ۵۷ء تک مجھے یہ احساس ہو گیا تھا مقبولیت سطحی ہے اور ترقی پسند تحریک کے زیر اثر لکھی جانے والی بیشتر تحریریں قاری اور سامع کی پسند ناپسند کے تابع ہو گئی ہیں اور "سیاسی پارٹیاں" ضمیر کی آواز کو دبا دیتی ہیں جہاں مصلحت سامنے ہو۔ چنانچہ ۵۶ء میں وحید اختر اور عالم خوندمیری (مرحوم) کے ساتھ اور پھر ۵۹ء میں باقر مہدی اور راجندر سنگھ بیدی (مرحوم) کے ساتھ میں نے ترقی پسند تحریک کی اس روش کی مخالفت کی۔ پھر جب جدیدیت کا دور دورہ شروع ہوا تو

وہی احساس پھر ہونے لگا کہ پہلے ادب سامع اور قاری کا تابع تھا اب ناقد کا تابع ہو گیا ہے پھر ۱۹۶۷ء میں (دلی کی ذہن جدید کی کانفرنس میں) حسن نعیم اور دیوندر اسّر کے ساتھ جدیدیت کے خلاف بولنا پڑا۔ اس طرح میں ادب کے دونوں، قابلِ ذکر گروہوں سے دور رہا۔

"فراق سے بھی گئے ہم وصال سے بھی گئے"

تنہائی، بے گانگی، زندگی کی بے معنویت لفظوں کا کھوکھلا پن اور نہ جانے کتنے کلیشے جو آج کے ادیبوں اور شاعروں کا "نو دریافت" وظیفہ ہیں میری شاعری میں پہلے سے موجود ہیں۔ ۱۹۵۱ء میں جب ترقی پسند تحریک اور میری مقبولیت کے عروج کا زمانہ تھا اس وقت ہی مجھ پر یہ منکشف ہو چکا تھا۔

پیاس احساسِ آبلہ پائی اور پھر سامنے بیاباں ہے
کس جگہ پر سکوں تلاش کریں دل بھی ویراں ہے گھر بھی ویراں ہے
اتنی آباد و شاد دنیا میں اف یہ احساس کا اکیلا پن
اتنی سرشار و مست محفل میں ہائے یہ تشنگیٔ روح و بدن

("پشیمانی" سے۔ جو اس کتاب میں شامل نہیں)

اس سلسلے کے ۱۹۶۳ء کے اشعار ہیں؛

سسکتے چاند سے، بجھتے چراغ کی لو سے مجھے کہیں سے پکارو بہت اکیلا ہوں
عزیز قیسی کے مرنے کے بعد دنیا میں بہت اداس ہوں یارو بہت اکیلا ہوں

آدرش کی موت۔ تنہائی۔ اُداسی۔ لمحہ لمحہ مرنے جینے کا عذاب۔ میں بھگت چکا ہوں اور بھگت رہا ہوں۔

مَیں فطرتاً (INTROVERT) ہوں۔ شاید اسی لئے شاعری میں (EXTROVERT) ہوں مری بند طبیعت کی تلافی فطرت نے شاید اس طرح کر دی ہے کہ "خود کلامی" جو میرے شب و روز کی تنہائی کا مقدر ہے۔ مری شاعری میں کہیں نہیں ملے گی۔ "میرا لہجہ بلند آہنگ ہے" (نقاد یہ فتویٰ دے چکے ہیں) میں اس لہجے کو بدلنے کی کوشش بھی نہیں کرتا۔ چاہے نقاد میری شاعری کو راست بیان کی شاعری کہیں یا نو کلاسکیت کا لیبل اس پر لگائیں۔ یا قدامت پرستی کا۔ میں اسی آواز میں اپنے آپ کو ظاہر کروں گا جو میری آواز ہے۔

غزلیں مَیں نے بہت کہی ہیں۔ جتنی غزلیں اس مجموعے میں شامل ہیں شاید اس سے دو چند غزلیں میں نے کہی ہیں۔ اس زمانے میں جب میں نظموں کے لئے مشہور تھا اور ادب میں نظم کا طوطی بولتا تھا۔ تب بھی میں نے غزلیں کہی ہیں۔ مجھے یہ کہنے میں بھی کوئی عار نہیں کہ اس زمانے کی بیشتر غزلیں فرمائشی ہیں۔

غالباً ۵۱ء میں جب بائیں بازو کی تحریک کا فنونِ لطیفہ پر غلبہ تھا میں نے اقبال قریشی (میوزک ڈائرکٹر) حمایت اللہ (دکھنی زبان کے شاعر اور اسٹیج کے اداکار) سعادت علی خاں (آرٹسٹ۔ جنھوں نے اس کتاب کا سرورق بنایا ہے) ممتاز احمد شوق مرحوم (غزل کے گائک اور طبلہ نواز) اور دوسرے نوجوانوں کے ساتھ فائن آرٹس اکیڈمی (حیدرآباد) کی بنیاد ڈالی تھی۔ میں نے اس دور میں اسٹیج کے لئے لوک گیت، نغمے، ترانے، گیت اور ڈرامے لکھے۔ ان کے علاوہ ان دوستوں کی فرمائش پر جو اس شور شرابے میں بھی "غزل" کی مدھم لے کے رسیا تھے غزلیں کہیں۔ سہل (سہل الممتنع) کی غزلیں یا روایتی ہجر و انتظار کے مضامین کی غزلیں:

آپ کو دیکھ کر دیکھتا رہ گیا کیا کہوں اور کہنے کو کیا رہ گیا
دشت اپنا نہ گھر کہاں جائیں خاک اڑائیں کدھر کہاں جائیں

ے ہونٹ ہیں کلیاں ہیں اور گلاب ہے چہرہ

ے عالم یہ نہ تھا ان کی ملاقات سے پہلے

وغیرہ وغیرہ۔ اسی زمانے کی کہی ہوئی ہیں۔ جو اس وقت بھی گائی جاتی تھیں اور اب بھی گائی جاتی ہیں۔ (رطب و یابس سمجھئے!)

۶۰ء تک جب نظم کا غلغلہ کم ہوا۔ غزل کی چلت پھرت پھر شروع ہوئی اور جو شاعر غزل کے خلاف تھے وہ بھی غزل کہنے لگے۔ میں نے بھی غزلیں کہنی شروع کیں (نظم کہنا ترک نہیں کیا۔ اس مجموعے کی کئی نظمیں ۷۳ء کے بعد کی ہیں) میں عمر کی اس منزل میں آچکا ہوں جب عقل و جنون ہم و حقیقت، کا دست و گریباں وجود ایک حقیقت بن جاتا ہے اور انتشارِ خیال ایک واقعہ۔ غزل کی صنف۔ ایسے ذہنی عالم کے لئے بہترین صنفِ سخن ہے۔ میں غزل کو صرف "سوختن و گداختن" نہیں سمجھتا۔ ماورائے غزل بھی جس غزل کو سودا، آتش اور یگانہ تلاش کر چکے تھے وہ جن کا سرمایہ ان تذکروں کی گرد میں دب گیا تھا۔ وہ میں نے پھر سے تلاش کیا ہے۔ میں چند لفظوں، استعاروں

اور تصویروں کو غزل نہیں کہتا۔ اس لئے شعوری طور پر ایک گروہ کے لیے جو "غیر متغزل" اسالیب ہیں، میں نے انہیں اپنی غزل کے لئے منتخب کیا ہے۔

غزل کہو نہ کہو عشق تو بیاں ہوگا — کہیں نگاہ کہیں لب کہیں زباں ہوگا

یا شہر بے اماں کی طرف لوٹ جائیے — دروازہ قد سے چھوٹا ہے سر کو جھکائیے

جینا اب تو ماں کی گالی لگتا ہے — ہر لمحہ بے شرم سوالی لگتا ہے

تھا ربط جسم و جاں تو شروعات ہی میں تھا — اب تو فقط بدن کی مروت ہے درمیاں

اور اس طرح کے "غزل باہر" مضامین اور لفظیات، آپ کو میری غزلوں میں ملیں گے غزل شناسوں اور نقادوں کو ان کو غزل کہنے میں تامل ہو سکتا ہے۔ لیکن میں انھیں غزل ہی کہوں گا۔

میں یہ دعویٰ نہیں کرتا کہ میں نے کسی کی تقلید نہیں کی۔ بچپن میں میں نے نظیر اکبرآبادی، اقبال، جوش، انیس اور اختر شیرانی کو بڑی عقیدت سے پڑھا ہے۔ ہوش مندی کی عمر میں مخدوم، سردار جعفری، کیفی اعظمی، مجاز، مجروح، جاں نثار اختر، جذبی اور دوسرے ترقی پسند شعراء کو بڑی محبت سے پڑھا اور سنا ہے۔ ان سب شاعروں کے اسلوب لہجے اور ڈکشن سے میں نے غیر شعوری طور پر کیا کیا اخذ و اکتساب کیا۔ میں نہیں جانتا۔ لیکن اتنا ضرور جانتا ہوں کہ "اخذ و اکتساب" اگر جرم ہے تو اس جرم سے کوئی بری نہیں۔ روایات سے کوئی دامن بچا سکتا ہے نہ انہیں پورے طور پر بدل سکتا ہے۔

میں مانتا ہوں خیال اور جذبہ شعر کی روح ہے اور بیان اس کا جسم، لفظ، شاعری کا میڈیم ہے۔ شاعری لفظوں کا فن ہے۔ اور لفظوں کی ترتیب تہذیب، تجسیم، تشخیص اور تشکیل۔ ہنر۔ کرب ذات کا اظہار ہو یا درد عصر کا۔ داخلی شاعری ہو یا خارجی۔ بیان کے بغیر شاعری بے وجود ہے۔ لہجہ اور اسلوب اپنی جگہ کوئی "قائم بالذات" وجود نہیں رکھتے۔ تجربہ، احساس جذبہ، خیال اور موضوع۔ لہجے اور اسلوب کا تعین کرتے ہیں (رسالہ فن اور شخصیت کے آپ بیتی نمبر میں) فراق نے کہا ہے:

.... بنہایت خاکساری سے عرض کروں گا کہ تعداد میں اتنے زیادہ مختلف اسالیب بیان جتنے میں نے پیش کئے ہیں کہیں اور نہیں ملیں گے۔ یہ اسالیب محض میرے دماغ کی

ایک نہیں بلکہ مختلف زبانوں کے ادب کی تکنک مرے اسالیبِ بیان پر اثر انداز ہو رہی ہے۔ غزلوں میں بھی غالباً سب سے زیادہ اسالیب بیان کے نمونے پیش کرنے میں کامیاب رہا ہوں۔"

مَیں فراقؔ کی ہم سری کا دعویٰ نہیں کرتا۔ اس کے اِس قول کے سہارے البتہ یہ دعوے کروں گا کہ میں پورے ہوش و حواس میں، جو کچھ علم و خبر کا سرمایہ میرے پاس ہے، اسے تصرف میں لا کر، نظم بھی کہتا ہوں، غزل بھی اور میرا شعر۔ میرا شعر ہے۔ اس کے ایک ایک لفظ پر مرے تجربے، مرے احساس، مرے خیال، مرے جذبے اور مرے ضمیر کی چھاپ ہے۔ آپ اسے تعلّی کہیں آج۔ لیکن میں تو اپنے لیے اپنے گیت خود گا رہا ہوں۔ آپ چاہیں تو کہہ سکتے ہیں کہ میں اپنی ڈفلی پر اپنا راگ خود بجا رہا ہوں۔

عزیز قیسی

۱۹ نومبر ۱۹۸۴ء

۹۔ مون کرافٹ
آف کارٹر روڈ، باندرہ
بمبئی ۴۰۰۰۵۰

دریں صحرائے غم چوں گردباد م
ہمیشہ بیقرار ے خاکسار ے

(حافظ)

آئینہ در آئینہ کی آخری نظم

وہ روز اپنی گداز باہیں
گداز رانیں
جواں دلبریز چھاتیاں
سُرخ ہونٹ
چمکیلے کالے گیسو
چمکتے رُخسار
اَنگ اَنگ اپنا
دہکتی بھٹی میں ڈال دیتی تھی
سونے چاندی کے رنگ کا ایک رقیق سیال
اُس کی سانسوں کے گرم اور سرد سانچوں میں روز ڈھلتا تھا
جم کے، اس کا بدن ہی بنتا تھا
ایک شب، اُس نے گات اپنا

اُسی طرح جب دہکتی بھٹّی میں جھونک ڈالا
تو اس کی سانسوں کے گرم اور سرد سانچوں میں
تب سے
رقیق سیّال سونے چاندی کے رنگ کا
جم نہیں سکا
اَنگ انگ اس کا بکھر گیا
تو ہونٹ پہلے مرے
پھر عارض
پھر اس کی باہیں مریں
جھلس گئی زلف
چھاتیاں پگھلیں
کمر گلی
اس کی رانیں تڑخ گئیں
اور رقیق سیّال سونے چاندی کی کرچیاں بن کے
اس کی جلی ہوئی ہڈیوں میں دھنستا گیا

وہ اس طرح مرگئی
پر اُس کی نگاہیں زندہ ہیں
مجھ سے کہتی ہیں
"تم بھی ہر روز اپنے بدن کے فولاد
دل کے شیشے کو یوں ہی بھٹی میں جھونکتے ہو
تو دیکھ لو
رات رات، دِن دِن
گھڑی گھڑی لمحہ لمحہ
مری طرح تم بھی مر رہے ہو
مری طرح سب ہی مر رہے ہیں
مگر نگاہیں بچائے رکھنا"

تاریخ

"یہی شب قیامت کی شب ہے ○ اندھیرا کراں تا کراں ○ بادِ گرداں کی یورش ہے ○ ایسے میں اک کانپتا زرد شعلہ مجھے دے گئے ہو اسے صبح تک کیسے زندہ رکھوں ○ اپنے ان خشک ہاتھوں کے حلقے میں کب تک سنبھالوں اسے ○ اور کیسے سنبھالوں اسے ○ اب تو ہاتھوں کی محراب جلنے لگی ہے ○ ہتھیلی کے چھالوں کی خاکستری شعلگی خون کے گرم چھینٹوں میں ڈھلنے لگی ہے ○

شب و روز کے درمیاں خطِ تمیز کھینچا گیا تب سے ایسی قیامت کی راتیں کئی بار آئیں ○ کئی بار آئیں گی ○ یہ آج کی رات آفاق کی لیلۃ المنتہیٰ تو نہیں کہ سویرے کے پہلے پہر میں سرافیل کا صور گونجے گا ○ یہ کانپتا زرد شعلہ بھی اس رات کا آخری وہ ستارہ نہیں جو ہتھیلی کے چھالوں کا بار ندامت تمہیں دے کے مر جائےگا ○ اک تمہی تو نہیں اپنے ہاتھوں کا حلقہ سنبھالے ہوئے ○ بادِ گرداں سے پوچھو کہ ہر رات وہ جن ستاروں کو ہاتھوں کے جلتے صحیفوں میں پڑھتی ہے کیا وہ یہ نہیں جانتی ہے ــــ یہ تاریخ ہے ○

تری مری عُمر کا سمندر

کنویں کی سنگین منڈیر سے متصل
اُداس پیاسا اکیلا سوکھا ببول کب سے
اُٹھا کے دو ہاتھ لکڑیوں کے
سمندروں کو پکارتا ہے
اور اس کا سایہ تمام دن دھوپ سے پریشاں
کنویں کے پانی میں چھُپتا پھرتا ہے
سُورج یہ سوچتا ہے
نہ سائے کی پیاس ہی بجُھے گی
نہ پیڑ سیراب ہو سکے گا
کنویں کا پتھر
خود اپنی بے مائیگی پہ نادم

یہ کہہ رہا ہے :
تری مری پیاس زندگانی
تری مری آرزو یہ پانی
یہی کمی ہے
یہی ہے اتمام ترا میرا
تری مری عمر کا سمندر
کہیں نہیں ہے
تری مری عمر کا سمندر
یہیں کہیں ہے

تسلسل

بہاؤ کی ضد پہ تیرنے کا یہی ہے انجام _____
میں گھڑی دو گھڑی میں لڑ لڑ کے تیز دھارے سے
ڈوب جاؤں گا

میں نے دیکھا ہے _____
مجھ سے پہلے بھی کوئی ڈوبا ہے
اب جو میں مڑ کے دیکھتا ہوں
وہاں ۔ میری ڈوبتی نگاہوں میں
میرے پیچھے بہاؤ کی ضد پہ
کوئی پھر سے اُبھر رہا ہے

ارے یہ پھر میں ہوں!!
تو کیا ذرا دیر مجھ سے پہلے
جو شخص ڈوبا تھا
وہ میں تھا!؟

یَا اَیُّہَا الجِنُّ [1]

جو نہ مرتی ہے نہ جیتی ہے وہ مخلوق ہو تم
نہ فرشتے ہو نہ انسان ہو تم
تم قرن تا بہ قرن
ایسے موجود رہے جیسے کہ موجود نہیں
کل بھی گنتی میں نہ تھے
آج بھی گنتی میں نہیں
کل بھی مشہود نہ تھے آج بھی مشہود نہیں
نہ تو اجسام میں مذکور نہ ارواح میں نام
لیکن اس کارگہِ خاک و ہوا میں تم نے
اپنے آیات اُتارے ہیں بہت
اپنے آثار اُبھارے ہیں بہت

---

[1] : جن ۔ مزدوروں، محنت کشوں اور کاریگروں کا انتباس ہے جن سے امیر خبسی نے ہڑتال اور احتجاج کا حق چھین لیا تھا

چشمِ دَوراں میں فنا گیر زمانوں کے نظارے ہیں بہت

وہ در و بام سبا

وہ شبستانِ نوار بیز و طرب خیز و فنا پرور وہ

آفریدہ تھے تمہارے ہی

پرے پریوں کے اور غول پریزادوں کے

جس پہ رقصاں تھے وہ سینے تھے تمہارے ہی

سلیمان کا تخت جس پہ چلتا تھا وہ شانے تھے تمہارے ہی

خبر ہے تم کو....

بادگرداں میں یہ پچھی بدرو حیں

بحر و بر پر جو کبھی رقص کیا کرتی تھیں

کون تھا رد بلا ؟ تم تھے پتہ ہے تم کو

تم ہی مرتے ہوئے پانی کو جلا دیتے تھے

بادبانوں کو ہوا دیتے تھے

اور پھر بادِ شمال

دمِشک دمِ عود د عبیر د عنبر

جس کی سانسوں میں مہکتے تھے

بدن پر جس کے
لولوئے لالہ و مرجان کی تب و تابش تھی)
سُرخ اور سبز سمندر کے کناروں پہ
اُتر آتی تھی لنگر انداز جہازوں سے وفا کرتی تھی
—— سپر انداختہ عورت کی طرح
اے بجھی راکھ میں سوئی ہوئی ناری مخلوق
کس نے انگاروں پہ تبرید بکھیری۔ کس نے
طوفانوں کے حلقوم سے انفاس کی ڈوری کھینچی
آگ کھاتے ہو دھواں پیتے ہو لیکن تمہیں معلوم نہیں
آگ جو آہن و فولاد کو پگھلاتی ہے
وہ در و بام کو کھا جاتی ہے
اور ایوانوں شبستانوں کو پل بھر میں مٹا دیتی ہے
خاک تو خاک ہے پانی کو جلا دیتی ہے

پچھل پائی

وہ مجھے ظلمات کے سینے میں
قبرستان اور شمشان کے پُر شور سناٹے کے رستے میں ملی تھی
وہ کفِ شب میں دیئے کی طرح لرزندہ تھی
تابندہ تھی
اک آواز جیسے زندہ تھی مُردوں کی آبادی میں
میں ظلمت زدہ ۔۔ اس حسن تنہا حسنِ بے پروا کو خود اس کے تبسم
کی روپہلی روشنی میں دیکھتا ہی رہ گیا

میں اسے اپنے اندھیرے گھر میں لے آیا
اندھیرے نے حسد سے رشک سے دیکھا
وہ میرے غم کدے کا۔ شب چراغِ زیست تھی، محرابِ دل میں
لوگ کہتے تھے مگر وہ، اندر اندر میرے دل کو کھا رہی تھی

رات آدھی ڈھل چکی تھی

کل ہمیشہ کی طرح جب وہ میرے پہلو میں لیٹی

میں غنودہ خواب و بیداری کی ہلکی دُھند میں لپٹا ہوا تھا (وہ مجھے سویا ہوا
سمجھے ہوئے تھی)

میں نے دیکھا

یوں زباں اس نے نکالی

(میں نے پہلی بار دیکھا: اک نکیلی لجلجی تلوار جیسی وہ زباں تھی)

پھینک کر اپنی زباں اُس طاق تک جس میں میرے گھر کا دیا تھا

وہ دیئے کی لَو کو ایسے کھا گئی۔ جیسے کوئی ناگن کوئی چڑیا نگل جاتی ہے

وہ پھر سو گئی

اور میں

اور میں صدیوں کی گہری نیند سے جاگا

اُجالے میں کبھی دیکھا نہ تھا جس کو

مجھے وہ صاف صاف ایسے اندھیرے میں نظر آیا

کوئی آئینے میں منہ جیسے اپنا دیکھتا ہو
۔۔ اس کے دونوں پاؤں پیچھے کی طرف تھے

اجالے میں وہ "اپنے آپ کو" سب سے چھپا لیتی ہے
صدیوں سے یہی اُس کا ہنر ہے !!

ڈائن

اِدھر سے دیکھو تو اس کے چہرے کا یہ پروفیل کتنا سہاونا ہے
وہ ایک پیاری شفیق سادہ حسین ماں ہے اور
اس کی گود میں ایک بچہ ہمک رہا ہے وہ اپنی چھاتی کو
کھولتی ہے اور اپنے بچے کے سوکھے ہونٹوں کو اپنے
لہو کے رس سے بھگو رہی ہے اور اس کی پاکیزہ آنکھ
کے کناروں سے نور جیسے اُمڈ رہا ہے

اُدھر سے دیکھو تو اس کے چہرے کا یہ پروفیل کتنا ڈراؤنا ہے
وہ اک بھیانک مہیب بدشکل کالی ڈائن ہے
دانت جس کے لہو سے بھیگے ہوئے ہیں اس کے بدن
پہ کانٹوں سے بال ہیں جلد اُس کی جذام کے پیپ
سے سنی ہے اور اس کا یہ ہاتھ جیسے لوہے کا کوئی

پنجہ ہے انگلیاں خنجروں سی اکڑی ہیں اور ناخنوں
میں نُکیلے نشتر لگے ہوئے ہیں وہ اپنے بچے کے پیٹ
کو چیرتی ہے اور اپنی ہتھیلی اور انگلیوں پہ
پھیلے لہو کو رہ رہ کے چاٹتی ہے

میں جینچتا ہوں ــ یہاں سے دیکھو تو اس کے چہرے کے دونوں رُخ
دیکھ پاؤ گے !!
یہ وہ جگہ ہے جہاں پہ مجھ جیسا کوئی پاگل ہی پاؤں دھرتا ہے
یہاں سے پر کون دیکھتا ہے
یہاں ذرا سی بھی لڑکھڑاؤ تو نیچے کھائی ہے اجگروں کی

جشنِ میلادِ امروز

میں جسے سُن رہا ہوں بڑی دیر سے
کیا یہ گُل بانگِ فتح و ظفر ہے کوئی یا نوائے شکست و ہزیمت ہے یہ
یا کوئی نغمۂ دل نشیں

لوگ کہتے ہیں اک طِفلکِ بے خبر
غنچۂ نوشگفتہ گُلِ تازہ تر آئے گا
زادِ بوم بشر، پیرِ مردِ صفا کیش ___ آغوش میں لے کے چومے گا اُس کی جبیں
اور پھر حسبِ مقسوم ہر ایک کو اُس کے حصّے کی خیرات مل جائے گی
چشم براہ تم بھی رہو"
ہر برس میری آغوش میں آتے آتے مگر طفل زائدۂ نیم شب مر گیا ___
کون سُنتا ہے اس جشن کے شور میں ______!

میں جہاں پر کھڑا ہوں
وہاں سے ادھر بھی یہ رات ہے
اور ادھر بھی یہ رات ہے
دیکھ لو
میں وہی ابنِ آفاق ہوں
میرے دل گیر رامش گرد
وقت جس کے تصوّر کی اولاد ہے
وقت بے تخم ہے بانجھ ہے
وقت موہوم ہے
وقت کے پاس کچھ بھی نہیں
ہاں مگر
ایسے لمحے کی خِلقت پہ قادر ہوں میں
جس کے پیچھے اندھیرا اگر ہے تو ہو
جس کے آگے کم ازکم
اندھیرا نہیں"____
کون سُنتا ہے
اس جشن کے شور میں ____!

شہرِ خدا ترساں میں

مال و اسباب پر
آل و اولاد پر
ہاتھ آئی ہوئی عورتوں پر
وہ ہر روز اپنی وراثت میں پایا ہوا
تالا جب ڈال دیتے ہیں
چابی کو جب جیب میں اپنی محفوظ کر لیتے ہیں
تب ٹھکانوں سے باہر نکلتے ہیں
(سب کے پاس ایسا ایک ایک تالا ہے
سب کو یقین ہے کہ اس تالے کی دوسری کوئی چابی نہیں ہے
مگر ذہن و دل، دین و ایمان، جنون و خرد، جسم و جاں کے
بندھے اَن بندھے دام پر

سب ہی تالوں کی چھوٹی بڑی چابیاں
کُھلے بازار میں روز بِکتی ہیں)
پھر جس طرح بن پڑے
دوسروں کے ٹھکانوں کے تالوں کو سب کھول لیتے ہیں
اور جس قدر بن پڑے
اپنی جیبوں کو بھر کر
ٹھکانوں پہ اپنے پلٹ آتے ہیں۔ اور جب دیکھتے ہیں
مال و اسباب محفوظ و مقبوض ہے
آل و اولاد مامون و مکفول ہے
عورتیں پاک و مستور ہیں
شُکر کرتے ہیں اپنے خداؤں کا۔ اور یہ دعا مانگتے ہیں
کہ یوں ہی سدا ساتھ ایمان اور آبرو کے سلامت رہیں

مہانگری میں

یہ سورج اُگا ہے کہ فٹ پاتھ پر مرنے والے بھکاری کا بہتا لہو جم گیا ہے

گٹر میں کوئی پھول ہے یا کسی نے ـــــــ

کوئی بس میں بھیگی ہوئی زرد پٹی کسی زخم سے نوچ کر پھینک دی ہے

عمارات کی کھڑکیوں میں یہ تصویریں ننگی ہیں یا حسرتیں آرزوئیں پشیمانیاں

مرتسم ہیں!؟

کوئی کھوپڑی بس کے پہیے کے نیچے چٹختی ہے یا ناریل

مندروں کے چڑھاووں میں چڑھتے ہیں

شنکھوں اذانوں کا یہ شور ہے یا مشینوں کی چنگھاڑ ہے؟

فیشنوں کے اشاروں پہ یا احتیاجوں کے کوڑوں پہ ننگے بدن ناچتے ہیں

کہیں ریل کی پٹریوں پر پڑی ادھ کٹی چھاتیاں رس رہی ہیں

لہو ہے کہ یہ دودھ ہے؟

لہو ہے کہ یہ دُھوپ ہے ؟
لہو ہے کہ یہ پھُول ہے ؟

منسٹر کی ٹی پارٹی میں
بِگرے سُوٹ پر کون سی ٹائی باندھوں
نئی ٹائی چل کر خریدوں ؟
ہر اک چیز کے دام یوں دن بہ دن بڑھ رہے ہیں
کہ قیمت ضمیروں کی گرنے لگی ہے
مجھے کیا !؟

دعائے باراں

زمین پیاسی تڑپ رہی ہے
چلیں پہاڑی پہ مستجیبِ دُعا وہاں سے قریب تر ہے
خشوعِ دل اور خضوعِ جاں سے اُسے پکاریں
کہ سارقوں ڈاکوؤں دغا بازوں، زانیوں، خائنوں
ضمیر افگنوں، لئیموں ذخیرہ اندوزوں
غاصبوں کو معاف کر دے
اور آسماں کا سیاہ اسفنج کھیتوں پر نچوڑ دے
خاک سوزاں کے دل کے چھالوں کو پھول کر دے
زمین پیاسی تڑپ رہی ہے
وہ ارحمُ الراحمین چاہے تو بادلوں کے بغیر پانی لُنڈھائے
گندم کی بوریاں چرخ سے اُتارے

کشادہ کر دے زمین پر رزق

اور اپنے بھوکے حقیر بندوں پہ رحمتوں کا نزول کر دے

زمین پیاسی تڑپ رہی ہے

کہو کہ یہ سب ہمارے اعمال کی سزا ہے

ہمارے اعمال جو سدا سے لعین شیطاں کے ہاتھ میں ہیں

خشوعِ دل اور خضوعِ جاں سے دُعا کرو

اور یہ نہ پوچھو

کہ اس زمیں پر سدا سے گمراہ لیے طاغوت حکمراں ہیں

تو آپ پھر کب تھے اور کہاں ہیں ! ؟

نواگراں نخوردہ گزند[1]

تم نے جو خواب دیکھے تھے پورے ہوئے
جشن چلتا رہے
حرفِ حق[2] کی طرح
مُطربہ کے گلے سے مسرت کا چشمہ اُبلتا رہے
جشن چلتا رہے

جشنِ شب
رامش و رنگ، رقصِ طرب —— تیز تر
تال ، لَئے
رقصِ صَوت مزامیر گلبانگ نئے —— تیز تر تیز تر
شورِ طبل و دہل، شورشِ چنگ و دف
رقص کرتے قدم
متصل، منتشر، مُنفعل، مشتعل، صف بہ صف —— تیز تر تیز تر تیز تر

---

[1] بزیرِ شاخِ گل افعی گزیدہ بلبل را * نواں گراں نخوردہ گزند راہ چہ خبر
[2] بعض حضرات نے ایمرجنسی کو "حرفِ حق" کہا تھا۔

اِس مہکتے اُجالے کے چندن بدن سے کسی
سانپ کی طرح لپٹی ہوئی
جشن کی رات سے یونہی لپٹے رہو
یہ نہ دیکھو
کِسی شاخِ گُل کے تلے
سانپ نے کس کو کاٹا ہے
یہ بھی نہ سوچو
کہ چندن سے اُترے گا تو
سانپ پھر کون سے پیڑ پر جائے گا
کس کو کاٹے گا
کچھ بھی نہ سوچو
کہ یہ جشنِ شب
جشنِ رقصِ طرب
یوں ہی چلتا رہے ـــــ تیز تر تیز تر تیز تر تیز تر

شبِ ہجر

طلوعِ درد کی ساعت ہے شامِ غم کا نزول
شفق کا خون ہے دیباچۂ شبِ ہجراں
اگر چراغِ سرشکِ وفا نہ ہو روشن
تمام ہو نہ سکے داستانِ عمرِ رواں

پلک پہ سوکھتے آنسو شرر سہی لیکن
غنودہ نزع بہ لب رات کا کنارہ ہیں
ٹپک پڑیں تو ستاروں کی کشمکش کھو جائے
طلوعِ صبح کا وعدہ ہیں ایک سہارا ہیں

گناہ بے سبب

وہ جشنِ ماہ کا ہنگام ہو کہ ماتمِ شب
وہ تیری بزم سے اُٹھنے کی کوئی ساعت ہو
کہ ہو کوئی دلِ دردِ آشنا کا وہ عالم
تلاش پر بھی نہ کھلتا ہو دل پہ غم کا سبب
یہ جانتے ہوئے پیتا ہوں ہر نئے غم پر
شراب کوئی مسیحا نہیں ہے قاتل ہے

پورے چاند کی رات

حنا بدست سمن فام سو سنگھار کئے
حسین ہاتھوں میں مہتاب کا چراغ لئے
بدن چُرائے خود اپنی حیا کے بوجھ سے خم
بچائے اپنے ہی شانوں سے گیسوئے برہم
پلک کی چھاؤں میں ٹھنڈک لئے وفاؤں کی
نگاہِ ناز میں تاثیر سو دُعاؤں کی
اُتر رہی ہے شبِ ماہ نرم زینوں سے
قدم بچا کے ستاروں کے آبگینوں سے

انتظار کی رات

تیرگی کے مہیب جنگل میں
ایک لرزندہ کانپتا شعلہ
کالی کالی گھٹا کے زنداں سے
چاند یُوں ہانپتا ہُوا نکلا
جیسے ویرانے میں اُفق کے قریب
دھیرے دھیرے سُلگ رہی ہو چِتا
تیرِ مجبور سرد اُجالے کا
دل کی پنہائیوں میں ٹوٹ گیا
ایک تارا پلک کے ہاتھوں سے
تلملا تلملا کے چھُوٹ گیا

اک ذرا چھیڑیئے

گِلہ گزار تبسّم میں اجتناب لئے
پلک پہ سرد ستاروں کا التہاب لئے
لٹوں میں اُلجھی ہوئی شام اضطراب لئے
جھکی نگاہ میں رُوٹھا ہوا شباب لئے
مقدّرات دلِ خانماں خراب لئے

وہ مجھ سے ترکِ محبت کا عہد لیتی ہے
مگر نگاہ وفا کی دُہائی دیتی ہے

ایک قطرہ ایک قلزم

اُبھر گئے تو پلک میں چھپا لیا جن کو
تڑپ گئے تو لہو میں بسا لیا جن کو
تبسموں کی چمک میں رچا لیا جن کو
نکھار دے کے لبوں پہ سجا لیا جن کو
جو اشک ہیں پسِ پردہ یہ ان کا ذکر نہیں
جنھیں کسی نے نہ دیکھا یہ ان کا ذکر نہیں
یہ ان کا ذکر ہے جن کو کسی نے دیکھا ہے
اسی زمیں کے کسی آدمی نے دیکھا ہے
دیارِ صبح کی بے چارگی نے دیکھا ہے
نگارِ شام کی بے دامنی نے دیکھا ہے

غمِ جہاں غمِ جاناں کی تاب لا نہ سکے
یہ اُن کا ذکر ہے جو وضعِ غم نبھا نہ سکے

اُمڈ کے آئے جو تشہیرِ چشمِ نم کے لئے
پلک پہ ٹھہر گئے شہرۂ ستم کے لئے
مچل گئے سرِ بازار دادِ غم کے لئے
ڈھلک گئے جو کسی دامنِ کرم کے لئے

ستم کا توڑ جفا کا جواب بنتے ہیں
یہ ان کا ذکر ہے جو انقلاب بنتے ہیں

جو قطرہ ہائے مژہ تیر بن گئے اکثر
جو قاتلوں کے خطا گیر بن گئے اکثر
جفا کے واسطے شمشیر بن گئے اکثر
وفا کے پاؤں کی زنجیر بن گئے اکثر

ضیائے انجم و آب و گہر بنے اکثر
زبانِ خامشیٔ چشمِ تر بنے اکثر

لہو کے ساتھ گرجتے رنوں میں ڈوب گئے
کبھی بنوں میں کبھی گلشنوں میں ڈوب گئے
برہ کے مارے ہوئے آنگنوں میں ڈوب گئے
کبھی زمیں میں کبھی دامنوں میں ڈوب گئے
بچے فنا سے تو فن کی پناہ میں آئے
دوام کوش ستاروں کی راہ میں آئے
صنم گری نے نوا نے جنھیں سنوار دیا،
مصوری نے قلم نے جنھیں نکھار دیا
عقیدتوں نے جنھیں رنگِ اعتبار دیا
پیمبروں کے دلوں میں جنھیں اُتار دیا
ہنروروں نے شبیہیں بنائی ہیں کیا کیا
زمیں پہ اشک کی فصلیں اُگائی ہیں کیا کیا
مگر وہ اشک کہ ہے قطرۂ بے کراں نہ ہوا
یہ ایک حرف کسی طرح سے بیاں نہ ہوا

یہ اضطرابِ نفس شاملِ فغاں نہ ہوا
یہ ایک بوند لہو رنگ داستاں نہ ہوا
یہ ایک درد کہ جس کو کبھی زباں نہ ملی
زباں ملی بھی اگر طاقتِ بیاں نہ ملی

جو ایک بار زباں شرحِ اشک خوں کردے   کتابِ عصر کے اوراق لالہ گوں کردے

آوازیں

ہجوم : پانی۔پانی
نہر تمہارے ہاتھوں میں ہے ـــــــ نہر بنا دو
پانی ۔ پانی
سُوکھے تڑکے ہونٹوں پر مٹّی کے
اپنے گیلے ہاتھ چھوا دو
پانی ـــ پانی ـــ پانی ـــ پانی

تنہائی : مری ذات[1] صحرا
سراب آفریں و سراب آفریدہ
کسی وہم کا میں یقیں ہوں
کوئی یہ بتا دے میں ہوں یا نہیں ہوں
ہجوم : ـــــــ پانی ـــ پانی ـــ پانی

---

[1] جدیدیت کا کلیشے

تنہائی : بحر و بر خشک و تر کیا ہیں
خواب آفریں ہیں کہ خواب آفریدہ
سراب آفریں و سراب آفریدہ
ہجوم : پانی ــ پانی ــ پانی ــ پانی ــ پانی .....

ہجوم : روٹی ــ روٹی
گھر گھر در در کوچہ بہ کوچہ
جلتے پیٹ اور مرتے انساں
روٹی ــ روٹی
اَن دیکھے ہاتھوں نے انھیں نہیں مارا ہے
سونے روپے کے سانپوں نے انھیں ڈسا ہے
روٹی ــ روٹی ــ روٹی ــ روٹی

تنہائی : بدن کیا ہے، احساس و ادراک کیا ہے
حواس اور وجدان کیا ہیں

حقیقت ہیں یا صرف دھوکہ ہیں ؟

ہجوم : ـــــ روٹی ـــ روٹی ـــ روٹی

تنہائی : شکوک اور اوہام کی اس سرائے میں
بس موت ہی ایک ذی رُوح ہے جو ازل سے
حقیقت کی مانند ٹھہری ہوئی ہے

ہجوم : ـــــ روٹی ـــ روٹی

تنہائی : بدن خاک بنتے ہیں
بس اک یہی بات تو ظن و تخمین سے ماورا ہے
تہِ خاک کیا ہے ، پسِ خاک کیا ہے ؟
بدن کیا ہے ، احساس و ادراک کیا ہے ؟

ہجوم : ـــــ روٹی ـــ روٹی ـــ روٹی ـــ روٹی

تنہائی : رموزِ فنا کیا ہیں
سرِّ بقا کیا ہے
ذات و حقیقت کے اسرار کیا ہیں
مجھے سوچنے دو
اگر آدمی مر رہا ہے تو مر جائے

لباسِ برہنگی

چھلکے
ہلکے، نازک، موٹے، پتلے
چھلکے رنگ برنگی ہیں — تو مغز بھی رنگ برنگی ہیں
ترش تلخ اور شیریں بھی ہیں
لذّت دار رسیلے بھی
کڑوے اور کسیلے بھی
چھلکا ذرا اُتارو تو —،
چاقو اندر مارو تو —،
مغز اگر پیچیدہ ہیں سب کے
بیج تو سب کے سادہ ہیں
چھُپے ہوئے ہیں کھُلے ہوئے ہیں

کم ہیں اور زیادہ ہیں
سخت ہیں
جنگ آمادہ ہیں ــــــ
رنگ و نسل و اصل سے
دین و مذہب سے
بالاتر ہوں
لب پہ اَنا الاِنسانُ ہے میرے
مانو بس میں انساں ہوں
تم اندر سے کیا ہو بولو
میں اندر سے مسلماں ہوں

نیند

مجھ کو بانہوں میں لیے
نیند جب زلفِ دوتا
بندِ قبا کھولتی ہے
تپتی مٹّی کی جھلستی ہوئی تنہائی سے
پہلی بارش کی طرح بولتی ہے

کعبۂ دِل

کعبۂ دل جس گھڑی ڈھایا گیا
زلزلہ آیا زمیں پر اور نہ طوفاں بحر میں
کوئی تبدیلی نہ آئی دہر میں
کچھ بھی ہو ایماں دنیا کا مگر
دل ابھی کعبہ نہیں ہے اور کعبہ دل نہیں

دہانِ زخم

زاغوں کی عریض مملکت کا
فرمان ہے گیت بند کیجے
ہاں نالہ کبھی کبھی روا ہے
نغمے کا تو نام بھی نہ لیجے

نغمہ جو کبھی لبوں پہ اُبھرا
گھُٹ گھُٹ کے سِسک گیا گلو میں
نبضوں میں تڑپ گیا تڑپ کر
بے تاب اُتر گیا لہو میں

بھرتا رہا زہر مُدتوں تک
اظہار کی خواہش نمو میں
بنتا رہا بے حدود قُلزم
سینے کی ذراسی آب جُو میں

چھینی تھی زبان قاتلوں نے
اے کاش وہ زخم بھی نہ دیتے
سو کام لئے تھے گر جنوں سے
اتنا تو خرد سے کام لیتے

مقتل ہے جہانِ نغمہ و نَے
بس میں ہو تو یہ جہاں مٹا دے
اُٹھتے ہیں دہانِ زخم سے گیت
پہرہ ہے کہاں کوئی صدا دے

کہو کچھ تو کہو

میں جب کہتا ہوں تم سے
اس زمیں پر
اب اس دلِ افسردہ کے جینے کی کوئی آس ہی زندہ نہیں ہے
تو یہ میں اپنے سینے میں دہکتے درد کو محسوس کر کے تم سے کہتا ہوں
مگر تم چُپ ہی رہتی ہو
زباں سے، آنکھ سے لَب سے

مژہ سے

یا ادھوری سانس سے
یہ بھی نہیں کہتیں
"نہیں ایسا نہیں ہے
اور یہ دُکھ اس صدی کا آخری دُکھ ہے
کہو — کچھ تو کہو
کچھ تو کہو
کچھ تو ..... !

کہیں ایسا تو نہیں

کچھ دنوں سے موت کی آہٹ بہت نزدیک سے سُنتا ہوں میں
تم یاد آرہی ہو
کیا کبھی یہ معجزہ ہو، فاصلے اور وقت کی تنسیخ کا
تم سے کہیں پھر سامنا ہو ــــ تو
کبھی ایک دوسرے کو جانتے تھے ــ ہم کسی سے کہہ سکیں گے
یہ نہیں ممکن تو اِس آہٹ کا تم سے کیا تعلق ہے
کہ تم اب موت سے بڑھ کر ہو مشکل
زندگی سے بھی زیادہ اجنبی ہو

کیا کہیں یہ تو نہیں ــ اِس معجزے کا وہم ہے مجھ کو
اور اب بھی تم کو یہ اُمید ہے ــ ہم پھر ملیں گے

پسِ عمرِ ہجر

برسوں میں ملے ہو، یہ مدت کیسے گزری ۔۔ کچھ بھی نہ کہو

یہ بھی نہ کہو

جب ہم بچھڑے تھے اس سے پہلے کیا ہم نے کیا، کیا تم نے کیا

شاید میں نے دامن چھوڑا

شاید تم نے پیماں توڑا

مجرم ہیں دونوں یا معصوم ہیں ۔ یہ بھی مت سوچو

یہ بھی مت یاد کرو

تم نے اس دن یہ سوچا تھا

"اب یہ جینا بے کار ہے"۔۔ پر بے کار نہ تھا

میں نے بھی کہا تھا اس دن

"میں مر جاؤں گا" لیکن مر نہ سکا

ہم لوگ جئے ہیں جن کے لئے
ان کو بھی خبر ہو جائے اگر ہم نے خود کو قربان کیا
ہم نے اُن پر احسان کیا
تو ان کی نظر جھک جائے گی
اُن سے بس اتنا کہنا ہے
ہم یوں ہی ملے، ہم یوں ہی رہے ہیں ساتھ، یہی اک رشتہ ہے
ہم دونوں میں
اب میں بھی شرافت پیشہ ہوں
اور تم بھی تمدن بستہ ہو
اب تم بھی بُت ہو اور میں بھی
انساں بن کے کیا لینا ہے
جو ہم سے پجاری مانگتے ہیں
اب ہم کو وہی وَر دینا ہے

نغمۂ ابد

میں نغمہ گر فنا گزیدہ

میں نغمہ گر فنا شنیدہ

تم مجھ کو جہاں سے سُن رہے ہو

وہ پل میری ابتدا نہیں ہے

تم جب بھی مجھے نہ سن سکو گے

وہ پل میری انتہا نہیں ہے

تم بھی نہ تھے اور تم یہیں تھے

میں بھی نہ تھا اور میں یہیں تھا

تم بھی نہیں ہوں گے اور میں بھی

تم بھی یہیں ہوں گے اور میں بھی

میں نام نہیں ہوں نغمگی ہوں

تم نام نہیں ہو زندگی ہو

پل بھر سہی میری نغمہ خوانی

پل بھر سہی اپنی زندگانی

تم نغمہ گرِ ازل کی محفل

میں نغمہ گرِ ازل کا نغمہ

یہ گرد بادِ فنا کب سے ہوں میں گردش میں
میں تھک گیا ہوں ٹھکانے لگا کے جا مجھ کو

کہیں نگاہ کہیں لب کہیں زباں ہوگا
غزل کہو نہ کہو عشق تو بیاں ہوگا

حدودِ درد کے آگے نہ کائنات نہ ذات
کہیں زمین نہ ہوگی تو آسماں ہوگا

بدل کے رکھ دے جو تقدیرِ سنگ و خشت اک دن
نہ جانے کون سے گھر میں وہ غم جواں ہوگا

حرم میں، دیر میں، میخانے میں، خرابے میں
جہاں بھی جائیے اک شخص درمیاں ہوگا

وہ ایک بات کہ ڈرتے ہیں اُن سے کہتے ہوئے
اس ایک بات کا چرچا کہاں کہاں ہوگا

○

اُلجھاؤ کا مزہ بھی تری بات ہی میں تھا
تیرا جواب تیرے سوالات ہی میں تھا

سایہ کسی مکیں کا بھی جس پر نہ پڑ سکا
وہ گھر بھی شہرِ دل کے مُضافات ہی میں تھا

اِلزام کیا ہے یہ بھی نہ جانا تمام عُمر
مُلزم تمام عُمر حوالات ہی میں تھا

یاروں کو اِنحراف کا جس پر رہا غرور
وہ راستہ بھی دشتِ روایات ہی میں تھا

اب تو فقط بدن کی مُروّت ہے درمیاں
تھا رَبطِ جان و دل تو شروعات ہی میں تھا

مجھ کو جو قتل کرکے مناتا رہا ہے جشن
وہ بدنہاد شخص مِری ذات ہی میں تھا

○

مہکا ہوا پھولوں سے دامانِ دل و جاں ہے
کیا دل کے خرابے میں یادوں کا گلستاں ہے

اُلجھے ہوئے دُنیا سے کب سے ہیں یہ دیوانے
وہ زلفِ پریشاں تھی وہ زلفِ پریشاں ہے

ہم کون سے سچے ہیں خود اپنی وفاؤں میں
کیوں اُس کو بُرا کہیے وہ شخص بھی انساں ہے

زنجیرِ تمنا کی ٹوٹے بھی تو کیا ہوگا
آسیبِ تمنّا کا زنداں پسِ زنداں ہے

جب آگ کے دریا سے ہم سوختہ جاں نکلے
اُس پار بھی کیا دیکھا صحرا کا نمکداں ہے

ہم شہر کے ماروں پر بس ختم ہے تنہائی !
سینوں میں بیاباں ہے راہوں میں بیاباں ہے

پت جھڑ کی یہ رُت قیسیؔ گزرے گی تو دیکھیں گے
اک عمر سے سُنتے ہیں بس اب کے بہاراں ہے

جتنے تھے رنگ حُسنِ بیاں کے بگڑ گئے
لفظوں کے باغ شہر کی صورت اُجڑ گئے

یہ معجزہ حیات کا معمول بن گیا
اِتنی دفعہ چراغ ہواؤں سے لڑ گئے

اِس آندھیوں کی فصل میں ہے کس بِنا پہ ناز
تم کیا ہو آسمانوں کے خیمے اُکھڑ گئے

قطرے لہو کے جِن کو سمجھتے ہو بے نمو
اکثر زمینِ شور میں بھی جڑ پکڑ گئے

تنہا ہیں پا شکستہ ہیں اور موت گھات میں
تم کس عجیب رات میں ہم سے بچھڑ گئے

رسوا ہوا ہے منّتِ چارہ گراں سے دل
جس جس جگہ تھے زخم وہاں داغ پڑ گئے

گردن فرازیوں کا ہے مقتل زمیں تمام
قیسیؔ کہاں یہ بات پہ تم اپنی اَڑ گئے

O

انھیں سوال ہی لگتا ہے میرا رونا بھی
عجب سزا ہے جہاں میں غریب ہونا بھی

یہ رات رات بھی ہے اوڑھنا بچھونا بھی
اس ایک رات میں ہے جاگنا بھی سونا بھی

عجیب شہر ہے گھر بھی ہے راستوں کی طرح
کسے نصیب ہے راتوں کو چھُپ کے رُونا بھی

نجاتِ روح بھی ارزاں نشورِ دل کی طرح
ہوا ہے سہل ضمیروں کے داغ دھونا بھی

کُھلے میں سوئیں گے پر موتیا کے پھُولوں سے
سجاؤ زلف لبا تو ذرا بچھونا بھی

وہ حبسِ دم ہے زمیں آسماں کی وسعت میں
کہ ایسا تنگ نہ ہوگا لحد کا کونا بھی

عزیزؔ قیسی یہ سوداگروں کی بستی ہے
گراں ہے دل سے یہاں کاٹھ کا کھلونا بھی

لب بستہ رہِ غم سے گزرنے والو
ہر جبر پہ صبر اختیار کرنے والو
رُکنے کے نہیں تم کو کچلتے ہوئے پاؤں
چیخو چیخو سِسک کے مرنے والو

○

آپ کو دیکھ کر دیکھتا رہ گیا
کیا کہوں اور کہنے کو کیا رہ گیا

بات کیا ہے کہ سب غرقِ دریا ہوئے
اک خُدا رہ گیا ناخُدا رہ گیا

سوچ کر آؤ کوئے تمنّا ہے یہ
جانِ من جو یہاں رہ گیا رہ گیا

دِل کے وحشت سرا سے خدا جانے کیوں
سب گئے، ایک داغِ وفا رہ گیا

ان کی آنکھوں سے کیسے چھلکنے لگا
میرے ہونٹوں پہ جو ماجرا رہ گیا

ایسے بچھڑے سبھی رات کے موڑ پر
آخری ہمسفر راستہ رہ گیا

○

زخم ہے سینہ ابھی تلوار ہے احساس ابھی
کچھ نہ کچھ جینے کا سرمایہ ہے مرے پاس ابھی

سانس روکے سُن رہا ہے وقت اُن کا فیصلہ
اُٹھتی جُھکتی وہ نِگاہیں آس ابھی ہیں یاس ابھی

برف کی سِل ہے کبھی دل اور کبھی شعلے کی لَو
اس بیاباں کو کوئی موسم نہ آیا راس ابھی

حد سے بڑھ جائے تو پھر دریا کی کچھ ہستی نہیں
ساحِل ممنوع پر دم توڑتی ہے پیاس ابھی

شہرِ جاں تیری طرف اب بھی کھنچا جاتا ہے دل
تری گلیوں میں ہے اگلے دَور کی بو باس ابھی

گو نجتی ہے دل میں اب بھی کوئی گم گشتہ صَدا
ہم کو قیسیؔ ہے شکستِ آرزو کا پاس ابھی

○

کب تک اے موجِ ہوا اب تو بجھا دے مجھ کو
یوں نہ جل جل کے سسکنے کی سزا دے مجھ کو

ورقِ گُل کی ہوں تحریرِ فنا پڑھ لیجے
اِس سے پہلے کہ سحر آکے مِٹا دے مجھ کو

قتل کرنا ہے تو کر قتل سرِ منظرِ عام
بے گناہی کا مری کچھ تو صِلہ دے مجھ کو

میں نہ ہوں گا تو بھُلانا ہے مرا ناممکن
اَبھی زندہ ہوں کسی طرح بھُلا دے مجھ کو

ہے ندامت تو بسا دل میں کسک کی مانند
قطرۂ اشک کی صُورت نہ گنوا دے مجھ کو

بیچ منجدھار سے واپس نہیں آتا کوئی
پھر بھی اک بار کنارے سے صَدا دے مجھ کو

مجھ سے تم ایسی بلندی تو نہ منسوب کرو
جو نہ خود اپنی ہی نظروں سے گرا دے مجھ کو

زندگی میں ترا احسان نہیں بھولوں گا
کبھی تنہائی میں قیسی سے مِلا دے مجھ کو

بلا کشوں پہ کہاں پیاس کا عذاب نہ تھا
وہاں پہ منع تھا پانی جہاں سراب نہ تھا

شکستِ خواب کا ماتم تھا چار سو لیکن
تمام شہر کی آنکھوں میں کوئی خواب نہ تھا

نہ آستینوں پہ ملتا نہ خاکِ مقتل پر
خدا کا شکر ہمارا لہو شراب نہ تھا

اِدھر گناہ اُدھر حسرتِ گناہ کا بوجھ
فشارِ قبر کی تمثیل تھا شباب نہ تھا

بکا تھا ذہن و دل و جاں سمیت منڈی میں
الگ ضمیر کے کیا دام تھے حساب نہ تھا

بہ طرزِ خاص تھی مقصود مجھ کو شہرتِ عام
لبوں پہ تھا مرے سینے میں انقلاب نہ تھا

زمانہ ساز تھا قیسی نہ زر شناس مگر
عزیز کیسے تھا جو شخص کامیاب نہ تھا

○

ہیں بام و در کے جسم کٹے اور جلے ہوئے
گلیوں کے پیرہن میں لہو ہیں بھرے ہوئے

جنگل کی رات ہوگئی آبادیوں کی رات
ہیں کُنج کُنج خوف زدہ جاگتے ہوئے

اے اہلِ شہر ایسی بھی کیا بے رُخی کہ ہم
پردیس تو خوشی سے نہیں تھے گئے ہوئے

میں وہ نہیں رہا کہ یہ وہ شہر ہی نہیں
یار آشنا کہاں کہ ہیں دشمن کھِنچے ہوئے

ہم کو بھی تم سے پُرسشِ غم کی اُمید تھی
دُنیا میں تم سے دُور کئی حادثے ہوئے

سب غم زدہ ہیں کس پہ گماں کیجئے قتل کا
مقتول کے جنازے میں سب ہیں گئے ہوئے

کیسا گلہ کہاں کا تقاضا کہاں سوال ؟
وہ سر سے پاؤں تک ہیں تغافل بنے ہوئے

پھرتے ہو کس کو پوچھتے قیسی کے نام سے
اُس شخص کو زمانہ ہوا ہے مرے ہوئے

○

سم خیز گھٹا ذہن سے چھٹ جائے گی
سینے پہ دھری چٹان ہٹ جائے گی
محسوس یہ ہوتا ہے دمِ فکر کبھی
گر شعر نہ ہو سانس اُلٹ جائے گی

○

ہر شام جلتے جسموں کا گاڑھا دھواں ہے شہر
مَرگھَٹ کہاں ہے کوئی بتاؤ کہاں ہے شہر

فُٹ پاتھ پر جو لاشس پڑی ہے اُسی کی ہے
جِس گاؤں کو یقین تھا کہ روزی رساں ہے شہر

مرجایئے تو نام و نسَب پوچھتا نہیں
مُردوں کے سلسلے میں بہت مہرباں ہے شہر

ہو دیکھنا تو آیئے سڑکوں کی دُھوپ میں
ان سرد سائبانوں کے نیچے کہاں ہے شہر

رہ رہ کے چیخ اُٹھتے ہیں سناٹے رات کو
جنگل چھُپے ہوئے ہیں وہیں پر جہاں ہے شہر

بھونچال آتے رہتے ہیں اور ٹوٹتا نہیں
ہم جیسے مُفلسوں کی طرح سخت جاں ہے شہر

لٹکا ہوا ٹرین کے ڈبوں سے رات دِن
لگتا ہے اپنی مَوت کے مُنہ میں رواں ہے شہر

○

ہر لمحہ بے شرم سوالی لگتا ہے
جینا اب تو ماں کی گالی لگتا ہے

جب سے پیٹ پہ پاؤں رکھا ہے دنیا نے
ہم کو دل کا درد خیالی لگتا ہے

دفن ہے دل کے ساتھ نہ جانے کیا کیا کچھ
سینہ لیکن خالی خالی لگتا ہے

عکس عکس ہے آئینہ در آئینہ
پھر بھی یہاں ہر شخص مثالی لگتا ہے

اب وہ عالم ہم پہ نہیں آنے والا
سوکھا دشت بھی جب ہریالی لگتا ہے

آخر آخر حاصلِ جاں و حاصلِ دل
بس پامالی ہی پامالی لگتا ہے

دروازہ قد سے چھوٹا ہے سر کو جُھکائیے
یا شہرِ بے اماں کی طرف لَوٹ جائیے

صَدیوں سے اُن کی بات سُنی ہے تو کیا ہوا
اک بار میرے کُفر پہ ایمان لائیے

اُٹھتے ہیں اِس سرائے سے ہم اُس سرائے میں
حَسرت ہی رہ گئی ہے کہ کوئی گھر بسائیے

پَل بھر کا جلنا بجھنا ہی ٹھہرا تو رات بھر
کیا ضِد ہے کیوں چراغ ہوا میں جلائیے

شاید کسی گلی کا اندھیرا جواب دے
رستے نظر سے گُم ہیں صدا تو لگائیے

بے آسماں زمیں پہ نوعِ بَشر کی خیر
چھَت گر رہی ہے کیسے مکیں کو بچائیے

آہوں سے دشتِ درد کا سنّاٹا بڑھ گیا
اک چیخ بن کے تا بہ اُفق گونج جایئے

کچھ لوگ جل تو جائیں گے کچھ اور ہو نہ ہو
محفل بجھی بجھی سی ہے قیسیؔ کو لایئے

○

اور کس کو مرے جینے سے علاقہ ہوگا
کوئی ہوگا مرا قاتل تو مسیحا ہوگا

بھیڑ کی بھیڑ اُسے ڈھونڈنے نکلی ہوگی
ایک وہ شخص جو ہر بھیڑ میں تنہا ہوگا

ریت میں پیاس کے دوزخ کے سوا کچھ بھی نہیں
میرے سوکھے ہوئے ہونٹوں میں ہی دریا ہوگا

دیکھ کر تجھ کو جو نم ہوگئیں میری آنکھیں
تجھ پہ جو وقت پڑا مجھ پہ بھی گزرا ہوگا

بس اِسی دُھن میں پس و پیش نہ دیکھا ہم نے
اِس کے آگے بھی ذرا دیکھ تو لیں کیا ہوگا

میں تو بدنام بھی ہوں شہر میں برباد بھی ہوں
آپ کو بات نبھانے کا سلیقہ ہوگا

مر گئے راہ پہ یہ آس لئے آنکھوں میں
کوئی مُردہ تو کِسی سینے میں زندہ ہوگا

یوں ہی تو روندتے پھرتے نہیں بے خوف و خطر
تم نے لاشوں سے ہی یہ شہر بسایا ہوگا

بات کچھ ہوگی جوانی کے دنوں سے قیسیؔ
قیس سے اپنا تعلق جو بتاتا ہوگا

یہ سمندر پہ برستا پانی
ہائے پیاسوں کو ترستا پانی

آگے دیوارِ سکندر ہی سہی
خود بنا لیتا ہے رستا پانی

دیکھ اِن روتی ہوئی آنکھوں سے
شہر کے شہر کو ڈستا پانی

بے نمو ہے مرے اشکوں کی طرح
دشتِ ویراں پہ برستا پانی

مصلحت ہو گی کوئی قاتل کی
ہو گیا خون سے سستا پانی

○

سسکتے چاند سے بجھتے چراغ کی لَو سے
مجھے کہیں سے پکارو بہت اکیلا ہوں

خدا کرے کوئی رہزن ہی ساتھ ہو جائے
وفا کی راہ گزارو بہت اکیلا ہوں

جو ہو سکے تو مرا چاند مجھ کو لوٹا دو
شبِ فراق کے تارو بہت اکیلا ہوں

بچھڑ گئیں دلِ مرحوم کی سبھی یادیں
مجھے بھلاؤ نہ یارو بہت اکیلا ہوں

دہائی دیتی ہے یادوں کی میری تنہائی
چراغِ اشک ابھارو بہت اکیلا ہوں

ہجوم عیش میں آباد و شاد دُنیا میں
مری بلائیں اُتارو بہت اکیلا ہوں

عزیز قیسیؔ کے مرنے کے بعد دُنیا میں
بہت اُداس ہوں یارو بہت اکیلا ہوں

امرت برسانے والی آنکھیں تیری
یہ زہر پلانے والی آنکھیں تیری
زندوں کو مِٹا دیتی ہیں اک جُنبش میں
مُردوں کو جِلانے والی آنکھیں تیری

○

ایک سکون کی حسرت دل کو راس آئی تنہائی میں
دیکھے کوئی جلوۂ دل کی رعنائی تنہائی میں

اے دلِ سادہ محفل محفل بھول گیا کیوں اپنی بساط
جانے کیسی کیسی ہوگی رسوائی تنہائی میں

چشمِ ہوس سے بچنا اتنا سہل نہیں اے جانِ حیا
آئینہ تو دیکھ رہا ہے انگڑائی تنہائی میں

شاید اُس کی بزم میں جاکر کچھ تنہا ہو جائیں گے
ہم تو ابھی تک پا نہ سکے ہیں تنہائی تنہائی میں

میلے میں آباد جہاں کے آپ جسے چھوڑ آئے تھے
قیسی صاحب پھر وہ تمنا لوٹ آئی تنہائی میں

○

خود میں گُم ہے ہر رَہرو اور راہبر تنہا
کارواں تو ہے لیکن سب کا ہے سفر تنہا

آج اُن کو دعویٰ ہے الجُمَن فروزی کا
کیا کریں گے کل آخر ہو گئے اگر تنہا

بزم میں پتنگا جب خودکشی کا مجرم ہے
پھر یہ سوچتی کیا ہے شمع رات بھر تنہا

شام بھی ہے لہرائی زلف بھی پریشاں ہے
اے دلِ پریشاں چل وہ ہیں بام پر تنہا

حال اپنے قیسی کا آپ پوچھتے کیا ہیں
گھات میں زمانہ ہے وہ شکستہ پر تنہا

○

دل داریٔ جام و ماہ چاہے
کیا کیا نہ شبِ سیاہ چاہے

پھر اُن سے جو رسم و راہ چاہے
مرنا کوئی خواہ مخواہ چاہے

یوسف کی ہر ایک چاہ چاہے
پتھر کے نگر میں راہ چاہے

انصاف چھپائے جرم لیکن
مجمع سرِ قتل گاہ چاہے

ہے کارِ ثواب کچھ تو عطا ہو
بے چارہ بدن گناہ چاہے

دیوانہ برستے پتھروں میں
بانہوں کی تری پناہ چاہے
قیسیؔ کو اُمید ہے وفا کی
آندھی سے دِیا پناہ چاہے

دیوانہ بنا گئی ہیں آنکھیں تیری
آنکھوں میں سما گئی ہیں آنکھیں تیری
کچھ تجھ کو خبر بھی ہے غزالِ رعنا
خود تجھ پہ بھی چھا گئی ہیں آنکھیں تیری

○

دلِ خستگاں درد کا آذر کوئی تو آئے
پتھر سے میرے خواب کا پیکر کوئی تو آئے

دریا بھی ہو تو کیسے ڈبو دیں زمین کو
پلکوں کے پار غم کا سمندر کوئی تو آئے

ہیں نوحہ گر ہزار ، ثنا خواں ھزار ہیں
میرے سوا بھی تیر کی زد پر کوئی تو آئے

جو زخم دوستوں نے دیئے ہیں وہ چھپ تو جائیں
پر دشمنوں کی سمت سے پتھر کوئی تو آئے

لاکھوں جب آکے جا چکے کیا مِل گیا میاں
اب بھی یہ سوچتے ہو پیمبر کوئی تو آئے

شکوہ بجا ہے قیسیؔ کے پیہم سکوت کا
لیکن اِس اَنجمن میں سُخنور کوئی تو آئے

کھٹکتا ہے جو رہ رہ کر کوئی تیرِ نظر اَب بھی
گُماں ہوتا ہے زِندہ ہے دلِ شوریدہ سَر اب بھی

ہم اپنے پارہ ہائے دل کو مٹّی دے کے آئے ہیں
مگر کرتا ہے اصرارِ مداوا چارہ گر اَب بھی

بَسا دے گا جو میرا گھَر وہ مہماں آنے والا ہے
یہی اعلان ہے ٹوٹی ہوئی دیوار پر اَب بھی

چلو اس قریۂ جاں تک سوادِ یادِ جاناں تک
جہاں آباد ہے ویرانیٔ دیوار و در اَب بھی

ہمیں ٹھوکر لگا تجھ کو زمانہ بھی تو پہچانے
کہ تیرے در پہ بیٹھے ہیں تجھے پہچان کر اَب بھی

رگِ جاں چھو کے زخمِ دل کے ٹانکے توڑ دیتی ہے
ہجومِ ناشناساں میں نگاہِ دادگر اب بھی

ہُنر والوں کی بزم آخرِ شب اُٹھ گئی قیسی
نہیں ملنے کی میری جاں تجھے دادِ ہُنر اب بھی

○

وفا نہ ان کے نہ اپنے ہی بس میں کیا کیجے
اسیرِ بحر ہیں تنکوں سے کیا گلہ کیجے

حصارِ سنگ سے ٹکرا کے مر تو سکتے ہیں
نجات سامنے ہے کچھ تو حوصلہ کیجے

بہت دنوں سے نہیں کوئی زندگی کا جواز
بدل کے لفظ وہی وعدہ پھر عطا کیجے

پہاڑ کاٹنے والوں کو کوئی سمجھا دے
کہ ہو سکے تو کسی دل میں راستہ کیجے

پلک پہ ٹھہری ہوئی شب پگھل کے بہہ جائے
کسی اُداس فسانے کی ابتدا کیجے

نہ یوں ہو لاش کے پرزے خلا میں کھو جائیں
زمیں کا خاتمہ بالخیر ہو دعا کیجے

اِسی کو اپنا کفن کیجئے اور سو رہئے
یہ شب نہ گزرے گی قیسیؔ خدا خدا کیجے

○

شاخِ گُل کے کانپ جانے پر لرز جاتا ہے دل
قطرۂ شبنم لرزتا ہے تو تھرّاتا ہے دل

چاندنی میں کیا اثر ہے کون جانے رات بھر
کچھ سبب کھلتا نہیں اور گھبراتا ہے دل

جن کی یادیں ایک مدت آنسوؤں میں ڈھل گئیں
پھر انھیں بھولی ہوئی گلیوں میں لے جاتا ہے دل

ضبطِ غم کی انتہا دیکھی ترے بیمار نے
اب تو ٹکڑے ہو کے آنکھوں میں اُمڈ آتا ہے دل

وقتِ رخصت اُس کی پلکیں کس لئے اُٹھتی نہ تھیں
ہائے کن بے کارسی باتوں پہ بھر آتا ہے دل

کوچۂ دلدار قیسیؔ کوچۂ وحشت سہی
آپ کا کیا جائے گا چلئے کدھر جاتا ہے دل

○

پھر ہوئی دل کے تڑکنے کی صدا عام بہت
پھر سے ٹھہرا ہُنرِ شیشہ گراں خام بہت

جام ہو، خواب، ایمان ہو کہ پیماں کوئی
دل سے ملتا ہے ہر اک شیشے کا انجام بہت

سانولے رنگ میں ہلکی سی سُنہری کرنیں
یاد آتی ہے کوئی شام سرِ شام بہت

ایک جینے کے سوا کچھ نہ ہمیں راس آیا
کر لیے ہم نے عِلاجِ دلِ ناکام بہت

یہی اچھا ہے کہ اس بزم میں انجان رہو
تم بھی گُم نام نہیں میں بھی ہوں بدنام بہت

مختصر عمر میں کس کس کی صفائی دیجیے
عُمر بھر عشق کے سر آتے ہیں الزام بہت

کچھ بھی کھلتا نہیں ماتم ہے کہ گُل بانگ طرب
رات کے شہر میں ہے دیر سے کُہرام بہت

دل کو دھڑکا ہے کہ اب خیر نہیں ہے قیسی
مہرباں تم پہ ہے وہ یارِ دل آرام بہت

○

سیرابیِ ابد ہے نہ پل بھر کی پیاس ہے
اے خضرِ زندگی تو سکندر کی پیاس ہے

زخمِ جگر کو ناخنِ غم خوار کی ہوس
سودائے سر کو راہ کے پتھر کی پیاس ہے

پانی سے مئے سے خونِ جگر سے نہ بجھ سکی
یہ پیاس زندگی کے برابر کی پیاس ہے

تقدیر دیکھئے تو نہیں بوند بھی نصیب
اور پیاس دیکھئے تو سمندر کی پیاس ہے

بے خود نہیں خراب کرم ہوں میں ساقیا
ہچکی مری شراب مکرّر کی پیاس ہے

ہے اِذنِ عام آؤ کھُلی ہے سبیلِ درد
جِن جِن کو آبِ دشنہ و خنجر کی پیاس ہے

لبِ تشنہ ریگ زار سراب آفریں نہیں
اے تشنہ جاں یہ خود ترے اندر کی پیاس ہے

سُوکھی زبانیں پھیلی ہیں تا حدِّ آسماں
صحرا کو پھر لہُو کے سمندر کی پیاس ہے

○

بے سبب رُوٹھنے مننے کا چلن یاد آئے
وہ سمن برز چمن تا بہ دمن یاد آئے

سبز پانی میں شفق گھول کے جائے سُورج
شام ہوتے ہی ترا سانولا پن یاد آئے

ذِکر جب آئے حریفانِ سیہ باطن کا
مُجھ کو اک یارِ دل آرائے دکن یاد آئے

ہُوک سی اُٹھتی ہے سینے میں ترے نام کے ساتھ
جیسے بیمار مُسافر کو وطن یاد آئے

ان دنوں وہ ہیں مسیحا کہ جنھیں دیکھے سے
جان کنی، لاش، لحد اور کفن یاد آئے

تجھ سے کیا ربط ہے کیوں اک ترے یاد آنے سے
تجھ سے پہلے کے بھی کچھ رنج و محن یاد آئے

تو مجھے دیکھے تو کیا جانیئے کیوں کانٹوں سے
اوس پیتی ہوئی سُورج کی کرن یاد آئے

مہرِ اغیارِ غریب الوطنی یاد کرو
جب بھی بے مہریٔ یارانِ وطن یاد آئے

سفلہ خویانِ وطن کو نہ بھُلانا قیسی
جب کبھی تجھ کو ترا شہرِ دکن یاد آئے

مِٹا کے انجمنِ آرزو صدا دی ہے
چلے بھی آؤ کہ ہر روشنی بجھا دی ہے

گر اتّفاق سے پایا ہے قطرۂ شبنم
سمندروں کو مری پیاس نے دُعا دی ہے

ہجوم راہ رواں روند کر گزرتا ہے
بِساطِ دل کی کہاں ہم نے یہ بچھا دی ہے

دِلوں کا خون کرو سالِم رکھو گریباں کو
جنوں کی رسم زمانہ ہوا اُٹھا دی ہے

نہ مُڑ کے دیکھے گی دُنیا مَرو نہ گھٹ گھٹ کے
یہ حادثوں پہ ہی بس چونکنے کی عادی ہے

کسی کی جان کا ضامن نہیں یہاں کوئی
امینِ شہر کی جانب سے یہ مُنادی ہے

کہو جو کہنا ہے کیا پاسِ دردِ قیسی کا
کہ اس نے دل سے وہ بُنیاد ہی مٹا دی ہے

○

وقت نے سب تحریر کیا میرے خدوخال پہ کیا گزری
تیرے بعد جو ساتھ چلے تھے اُن مہ و سال پہ کیا گزری

دستِ کرم نے داد تو پائی داد و دہشِ کی محفل میں
دستِ کرم نے یہ نہیں سوچا دستِ سوال پہ کیا گزری

خون ہے لفظوں آوازوں میں خاموشی میں لاشیں ہیں
مصلحتوں کے عہد میں دیکھو شہرِ خیال پہ کیا گزری

نورِ سحر میں نہانے والے شب آسودہ کیوں سوچیں
جس کا لہو تھا رونقِ شب اس شمعِ جمال پہ کیا گزری

سب کی نگاہیں تم پر ہیں کیا پوچھے کوئی ایسے میں
تم کو دیکھ کے جو گم صُم ہے اس بے حال پہ کیا گزری

قیسیؔ صاحب بستی بستی کھوٹے سِکّوں کا ہے چلن
یہ مت پوچھو اہلِ ہنر کے حُسنِ کمال پہ کیا گزری

○

سب کو یقیں ہے ہم سا کوئی دوسرا نہیں
خلوت کدوں میں اُن کے کوئی آئینہ نہیں

خود کیوں نہ بڑھ کے سنگ زنوں کو پکاریئے
مدّت سے اُس گلی میں تماشہ ہوا نہیں

وہ کھل کے آگیا تو ہے خنجر لئے ہوئے
ورنہ کس آستین میں خنجر چھپا نہیں

ملتے ہیں ایک ایک سے باہیں پسار کے
کیا کیجئے کہ اپنا کوئی آشنا نہیں

قیسیؔ سدا ملے ہیں سرِ رہ یہاں وہاں
گھر کس جگہ ہے اُن کا کسی کو پتہ نہیں

○

آسماں چُپ لبِ دُعا کی طرح
رات خاموش ہے خُدا کی طرح

کھو گئے دشتِ غم میں آخر کار
ہمسفر اُس کے نقشِ پا کی طرح

چھیڑیئے ہم کو بے سبب ہی سہی
جی ہے اُمڈا ہوا گھٹا کی طرح

کیجئے کچھ بھی کیجئے لیکن
ہم سے ملئے تو آشنا کی طرح

روٹھئے انتظار کی صورت
زہر دیجئے مگر دَوا کی طرح

کیا کہیں رات کس طرح سے ملے
وہ جو ملتے تھے پارسا کی طرح

جن کو پایا تھا درد کی صورت
کھو دیا آہِ نارسا کی طرح

یاد آئی تری تو خون میں تر
کسی گم گُشتہ کی قبا کی طرح

دم گھُٹا جارہا ہے سینے میں
لمس اک بوسۂ صبا کی طرح

زخمِ دل کو چھُپائے پھرتے ہیں
جنسِ دُزدیدہ ہے وفا کی طرح

کیا جوانی ملی ہے قیسی کو
زندگی کی طرح سزا کی طرح

○

سانولے مُکھ پر زُلف پڑی ہے
دو بشا میں ملنے کی گھڑی ہے
آنکھ ہے اور ساون کی جھڑی ہے
کن آنکھوں سے آنکھ لڑی ہے
یاد کیا اور آنکھ میں آیا
آنسو تیری عمر بڑی ہے
وہ آئے ہیں زلف پریشاں
اور سرہانے موت کھڑی ہے
دیکھ سنبھل اے سرو خراماں
میری وفا رستے میں پڑی ہے
آنکھیں ہیں یا صبح کے دل میں
میخانے کی رات جڑی ہے

سارے اُجالے رُوٹھ گئے ہیں
راہ میں جب سے رات پڑی ہے
آیا ہے موسم زلف و رُخ کا
دن چھوٹا ہے رات بڑی ہے
آنکھ مِلاتے جی ڈرتا ہے
جب سے اُن سے آنکھ لڑی ہے
پیچھے پیچھے ہے جَلتا دن
آگے پیاسی رات کھڑی ہے
کچھ دن اُن کے ساتھ بھی جی لیں
مرنے کو تو عمر پڑی ہے
قیسی جی سرکش بنتے تھے
عشق کی کیسی مار پڑی ہے
سنّاٹا ہے عالَم عالَم
قیسی صاحب کیسی گھڑی ہے

○

دُعا کیا چیز ہے بابِ اثر کیا
قفس میں رہ کے ذکرِ بال و پَر کیا

زمیں کیا آسماں کیا بحر و بَر کیا
بلند و پست جُز وہم نظر کیا

سمجھتے یہ ازل کے بے خبر کیا
کہ رزمِ خیر کیا ہے بزمِ شر کیا

حق و باطل فسانہ ہی فسانہ
یہاں نامعتبر کیا معتبر کیا

وہی ویرانیاں دِل کا مقدر
کسی کی انجمن کیا اپنا گھر کیا

قیامت تک یوں ہی مرتے رہیں ہم ؟
شبِ غم مر گئی تری سِحر کیا

نہ جانے کب سے ہے سُورج گہن میں
سحر کیا شام کیا اور دوپہر کیا

تمہاری جیب خالی ہے تو قیسی
ادَب کیا شعر کیا فن کیا ہُنر کیا

○

اُمڈ کے دل سے آنسو کی طرح بے اختیار آئی
تمہاری یاد جب بھی آئی کیوں دیوانہ وار آئی

تماشہ یہ نہ دیکھا موجِ طوفاں دیکھنے والے
ڈبویا کس کو اس نے اور کِس کو پار اُتار آئی

مِلے غنچہ بہ غنچہ گُل بہ گُل نقشِ قدم اُن کے
گلُستاں میں بہار آئی کہ دل میں یادِ یار آئی

یہاں مہتاب بھی تھا کہکشاں بھی تھی ستارے بھی
سحر سے کون پوچھے کِتنی لاشوں کو سنوار آئی

اندھیرے میں مجھے آواز دے کر کھو گیا کوئی
مِری شب صبح تک کس کس کو راہوں میں پکار آئی

کُھلا تھا فرق یوں بے گانگی اور بے نیازی میں
نظر پلٹی تو تیری دید کی ہمت بھی ہار آئی

پلک پر اشک ہیں یا آئینہ ہے کوئی ہاتھوں میں
مری نظروں کی تابش ان کے جلوؤں کو نکھار آئی

زمانہ جیسے رُک جاتا ہے قیسی ان کی محفل میں
مری پل بھر کی تنہائی کئی عمریں گزار آئی

○

مفر نہیں خوابِ آرزو سے نہیں ہے تعبیر دسترس میں
یہی ہے ایمائے چشمِ حیراں اُلجھ کے رہ جائیں پیش و پس میں
کہاں کی محرومیاں نہ جانے ہمارے حصّے میں آگئی ہیں
سکوں نہیں کنجِ آشیاں میں سکوں نہیں گوشۂ قفس میں
نہ مسکرائیں نہ رو سکیں ہم نہ دل ہی خالی نہ آنکھ پُر نم
یہ کون سا مرحلہ ہے اے غم نہ تیرے بس میں نہ میرے بس میں
وصال کی صبحِ آرزو سے فراق کی شام بے بسی تک
وہی غمِ زندگی کے قصّے وہی غمِ عاشقی کی رسمیں

○

نہ دِل بس میں نہ دلبر دسترس میں
اُلجھ کر رہ گئے ہیں پیش و پس میں

قیامت ہے کہ رُسوا ہے غمِ دل
زمانے تیرے بازارِ ہوس میں

گلستاں پا کے بے بس ہو گئی ہے
جو حسرت تِلملاتی تھی قفس میں

وہی وحشت وہی چاکِ گریباں
دیارِ شوق کی دیرینہ رَسمیں

کچھ ایسے مرحلے ہیں وحشتوں کے
نہیں جو وحشتوں کی دسترس میں

بنا دے زندگی یا خاک کر دے
کہ ہم ہیں دردِ جاناں تیرے بس میں

○

پارسائی نہ اپنے کام آئی
کاش ہوتی کہیں تو رُسوائی

آ گئی ہے ہوا میں مستی سی
فصلِ گُل اُن کی زُلف چوم آئی

ہر بلا ان کی اپنے سر لیتے
ہم سے ہوتی اگر شناسائی

زندگی کس طرح بسر کرتے
قید اور وہ بھی قیدِ تنہائی

سرِ بازار کوئی یہ پوچھے
وہ تماشہ ہے یا تماشائی

ایک پردہ نشیں کے جلوے پر
ختم ہے دو جہاں کی دارائی

رنگ اُڑتے ہیں پھُول کھِلتے ہیں
فصلِ گُل ہے کہ مست انگڑائی

ہر دَوا سے گیا دُعا سے گیا
ہائے دل ہائے رے مسیحائی

شہر در شہر ہو گئی بدنام
تیرے مجنوں کی دشت پیمائی

درِ جاناں کہاں کہاں قیسی
مفت رُسوا ہوئی جبیں سائی

○

تمیز اپنے میں غیر میں کیا تمھیں جو اپنا نہ کر سکے ہم
ہر ایک محفل ہوئی گوارہ تمہاری محفل سے کیا اُٹھے ہم

سحر پشیماں آرزو ہیں چراغِ شب تھے سو جل بجھے ہم
خراج اشکوں کا خونِ دل سے جو ہم کو لینا تھا لے چکے ہم

نہ شمع کانپی نہ گیت ڈوبے' اُٹھے جو ہم اُن کی انجمن سے
چلو بس اچھا ہوا کہ ایسے کہاں کے محفل فروز تھے ہم

نہ ہم سیاہی نہ ہم اُجالا چراغ ہیں اشکِ آرزو کے
کہ ہم سرِ دشتِ بیکراں ہیں سُلگتے رہتے ہیں شام سے ہم

نظر اُٹھاؤ تو جھوم جائیں نظر جھکاؤ تو ڈگمگائیں
تمہاری نظروں سے سیکھتے ہیں طریق موت و حیات کے ہم

کریں جو شکوہ زباں کہاں ہے زباں میں تابِ فغاں کہاں ہے
کہاں کا پردیس کیسی غربت وطن کی گلیوں میں لُٹ گئے ہم

ہماری روداد مختصر ہے وفا کہاں کی جفا کہاں کی
برنگِ گُل مسکرادیے وہ بہ طرزِ شبنم بکھر گئے ہم

عزیزؔ قیسی کہاں رہے تم کہ رات اس بُت کی انجمن میں
ہجومِ نغمہ میں ذکرِ حُسن کر کسی دِوانے کا رو پڑے ہم

O

تمہارا غم جو دو اک دن کا غم ہوتا تو رو لیتے
اگر رونے سے دل کا درد کم ہوتا تو رو لیتے

وہ پتھر سے زیادہ سخت ہے بس اس کا رونا ہے
صنم اپنا جو پتھر کا صنم ہوتا تو رو لیتے

خود اپنے غم میں رو لینا تو توہینِ محبت ہے
غمِ جاناں زمانے بھر کا غم ہوتا تو رو لیتے

ابھی دھڑکن نہیں سنبھلی ابھی دل بھی نہیں ٹھہرا
جُدائی کا اثر کچھ دل پہ کم ہوتا تو رو لیتے

الٰہی کیا ہے آخر ان کی آنکھوں کا یہ بھر آنا
کرم ہوتا تو رو لیتے ستم ہوتا تو رو لیتے

ہمیں کیا گر مِلا شبنم کو دامانِ گُل و لالہ!
ترا اک گوشۂ داماں بھی نم ہوتا تو رو لیتے

○

لہو کے دیپ سِسکتے ہیں کوئی اُکسا دے
کوئی تو آئے جو سینے کی برف پگھلا دے

سُنا ہے درد میں پائندگی بھی ہوتی ہے
اک ایسے درد کی حسرت ہے کوئی داتا دے

سحر سے شام ہوئی صِرف گفتگو کب تک
لفافہ بند کر اور اُس کو لب سے چِپکا دے

یہ میری عمر ہے یا تیری رات زُلفِ دراز
سحر نہیں نہ سہی میری نیند لوٹا دے

تجھے قبول نہیں گر عطائے شبنم بھی
تو اس اُجاڑ بیاباں پہ آگ برسا دے

ہے آستین بھی اُجلی میرے کفن کی طرح
اِس احتیاط پہ قاتل کو پھول پہنا دے

گواہ گورِ غریباں سے لاؤں تیرے خلاف
خدا مجھے جو گھڑی بھر دمِ مسیحا دے

بندھا ہے رختِ سفر بجھ رہا ہے دِل کا الاؤ
عزیزؔ قیسی کو پھر سے پیام لیلیٰ دے

○

ترسی ہوئی آنکھوں کو اک جام پِلا ساقی
میں ہوش گنوا بیٹھوں نظریں تو مِلا ساقی

اَوروں کو پِلا ساقی ہم کو نہ پِلا ساقی
تو صاحبِ میخانہ کیا تجھ سے گِلا ساقی

جلوہ کوئی روٹھا سا پیمانہ یہ ٹوٹا سا
برسوں کی تمنّا کا کیا یہ ہے صِلا ساقی

جاں آ گئی محفل میں اک تیرے اِشارے سے
جو راکھ ہے اس دل میں اس کو بھی جِلا ساقی

مجھ خوار و پریشاں سے منسوب ہوا آخر
میخانہ کی سرحد میں جو گُل بھی کِھلا ساقی

دی پیاس زمانے نے، اتنا تو ہوا لیکن
ہم کو تری جانب سے کچھ بھی نہ ملا ساقی

ہے میری خرابی سے آبادیٔ میخانہ
مجھ کو مری حالت کی غیرت نہ دلا ساقی

ہر تازہ ستم تازہ کرم ہوتا ہے
ٹوٹا ہوا دل سا غرِ جم ہوتا ہے
اے ہرزہ گرو دل کی تباہی پہ نہ جاؤ
اُجڑے پہ بھی بت خانہ حرم ہوتا ہے

○

ہونٹ کچی کلیاں ہیں اور گلاب ہے چہرہ
ماہتاب ہیں آنکھیں آفتاب ہے چہرہ

سیکڑوں ہزاروں میں انتخاب ہے چہرہ
بے نظیر صورت ہے لاجواب ہے چہرہ

جی میں ہے کہ بوسہ دوں اور لگاؤں آنکھوں سے
ہاتھ رِحل ہیں میرے اور کتاب ہے چہرہ

پیاس میری نظروں کی اُن پہ کھُل گئی شاید
بند بند ہیں آنکھیں آب آب ہے چہرہ

کیا خبر ہے قیسی نے کیا کہا اشاروں میں
اشتعال ہیں عارض اِلتہاب ہے چہرہ

○

آہ بے اثر نکلی نالہ نارسا نکلا
اک خدا پہ تکیہ تھا وہ بھی آپ کا نکلا

کاش وہ مریضِ غم یہ، بھی دیکھتا عالم
چارہ گر پہ کیا گزری درد جب دوا نکلا

اہلِ خیر ڈوبے تھے نیکیوں کی مستی میں
جو خرابِ صہبا تھا بس وہ پارسا نکلا

خضر جان کر ہم نے جس سے راہ پوچھی تھی
آکے بیچ جنگل میں کیا بتائیں کیا نکلا

گر گیا اندھیرے میں تیرے مہر کا سورج
درد کے سمندر سے چاند یاد کا نکلا

عشق کیا ہوس کیا ہے بندشِ نفس کیا ہے
سب سمجھ میں آیا ہے تو جو بے وفا نکلا

خوں بن کے ڈوبا تھا، غم جو میری آنکھوں میں
تیرے دستِ لرزاں کا شعلۂ حنا نکلا

جس نے دی صدا تم کو شمع بن کے ظلمت میں
رہ گزیدگاں دیکھو کس کا نقشِ پا نکلا

اک نوائے رفتہ کی بازگشت تھی قیسیؔ
دل جسے سمجھتے تھے دشتِ بے صدا نکلا

○

عالم یہ نہ تھا ان کی مُلاقات سے پہلے
یوں دل نہ دھڑکتا تھا کِسی بات سے پہلے

ہر صُبح نہ تھی فِکر کہ دن کیسے گزاریں
یوں رات کا دھڑکا نہ تھا ہر رات سے پہلے

وعدے کی یہ شب دیر سے کچھ سوچ رہی ہے
آجاؤ پراگندہ خیالات سے پہلے

تم جاؤ گے کل آج سے آنکھوں کو ہوا کیا
برسات دُھواں دَھار ہے برسات سے پہلے

اب درپئے آزار ہیں یارانِ زمانہ
تھے اہلِ کرم تیری عنایات سے پہلے

یوں وقت بدلنے پہ ہُنر لگتے ہیں قیسیؔ
منسوب تھے جو عیب مری ذات سے پہلے

○

دشت میں شورِ ہا و ہو بھی نہیں
وحشتِ سُرمہ در گلُو بھی نہیں

اُجلی اُجلی قبا ہے قاتِل کی
دامنِ تیغ پر لہُو بھی نہیں

زخم ہی زخم ہے نگاہِ کرم!!
دِل میں گنجائشِ رفو بھی نہیں

اُن سے ملئے تو کس لئے ملئے
اب تو جینے کی آرزو بھی نہیں

حَبس چھایا ہے دل سے آنکھوں تک
ہائے وہ دشت جس میں لُو بھی نہیں

کس پہ الزام دیں تباہی کا
بے وفا میری جان تو بھی نہیں

آبرو رفتہ بھی نہیں قیسی
شہر میں اس کی آبرو بھی نہیں

○

دنیا نہ ستائے تو وہ کیونکر ہمیں یاد آئے
کانٹوں میں گھرے ہم تو گُل تر ہمیں یاد آئے

بن برسے گئے جب بھی اُمڈے ہوئے بادل
اُن آنکھوں کے مجبور سمندر ہمیں یاد آئے

راہوں میں ترے حُسن کی ہلکی سی جھلک بھی
دیکھی تو بڑی دُور کے منظر ہمیں یاد آئے

بن تیرے کسی زخم کا سینے پہ گماں ہے
لیں سانس تو ہر سانس میں نشتر ہمیں یاد آئے

جن کا تری یادوں سے تعلق بھی نہیں ہے
وہ درد بھی کیوں تیرے برابر ہمیں یاد آئے

ہنسنے کا بہانہ ہے نہ رونے کا بہانہ
ایسا بھی نہیں کوئی کہ اکثر ہمیں یاد آئے

قیسی میں کوئی بات ہے ورنہ وہ دِوانہ
کیوں ہم سے بہت دور بھی جاکر ہمیں یاد آئے

○

اپنوں کے کرم سے یا قضا سے
مرجائیں تو آپ کی بلا سے

گرتی رہی روز روز شبنم
مرتے رہے روز روز پیاسے

اے رہ زدگاں کہیں تو پہنچے
منہ موڑ گئے جو رہنما سے

پھر نیند اُڑا کے جا رہے ہیں
تاروں کے یہ قافلے ندا سے

مُڑ مُڑ کے وہ دیکھنا کسی کا
نظروں میں وہ دور کے دلاسے

(ق)

چُپ چاپ، فسانہ در فسانہ
اُمڈے ہوئے نین پیاسے پیاسے

پلکوں کی ذرا ذرا سی لرزش
پیغام ترے ذرا ذرا سے

داتا ہیں سبھی نظر کے آگے
کیا مانگیں چھُپے ہوئے خُدا سے

کیا ہاتھ اُٹھائیے دُعا کو
ہم ہاتھ اُٹھا چکے دُعا سے

○

دشت اپنا نہ گھر کہاں جائیں
خاک اُڑائیں کِدھر کہاں جائیں

چھوڑ کر سب کو آئے آپ کے پاس
آپ کو چھوڑ کر کہاں جائیں

ہم جفا بستگانِ ظلمتِ شب
بے نمودِ سحر کہاں جائیں

آپ اُٹھائیں تو آپ کے دَر سے
اُٹھ تو جائیں مگر کہاں جائیں

موت جب تیری دسترس میں نہیں
یہ بتا چارہ گر کہاں جائیں

نا شناسوں کے شہر میں قیسی
لے کے جنسِ ہُنر کہاں جائیں

کوئی پیام بھی آیا تو ناتمام آیا
نگاہِ ناز کی جرأت پہ اِتہام آیا

جھلک دکھا کے سرِ بام چھپ گیا کوئی
بہت دنوں میں کسی صبح کا سلام آیا

سنائی دیتی ہیں ساغر کی ہچکیاں اب تک
تمہاری بزم سے یہ کون تشنہ کام آیا

وہ پوچھتے ہیں کہ کیسے جرأتِ سلام ہوئی
مرا یہ حیلۂ ناکام میرے کام آیا

خود اپنے سر لیا الزام بے وفائی کا
کبھی یہ تذکرۂ غم جو تیرا نام آیا

پیے ہیں اشک یہ ہم نے شراب کیا پی ہے
تری نظر کا کیا آج پیشِ جام آیا

ہے بات کچھ تو بس اب مان جائیے قیسی
کہ آپ چپ ہوئے جب بھی کسی کا نام آیا

دو شعر

تجھ کو خبر کیا، کیا گزری تیری کرم فرمائی بھی
مفت میں میرے ہاتھ آئی شہرت بھی رسوائی بھی

راز چھپانا کھیل نہیں ہے وضع نبھانا کھیل نہیں
آپ نے دیکھا پاؤں بھی بہکے رُک نہ سکی انگڑائی بھی

○

کوئی فریاد نہیں شکوۂ بیداد نہیں
میں کسی حال میں ہوں آپ تو ناشاد نہیں

حرم و دیر کے ویرانوں میں آباد ہوئے
ہائے وہ دل جو تری راہ میں برباد نہیں

حرف آتا ہے تو آنے دے وفا پر مری
کب تجھے یاد کیا تھا یہ مجھے یاد نہیں

دامِ غم اور اُلجھتا ہی چلا جاتا ہے
دل کا کیا ذکر تری یاد بھی آزاد نہیں

کونسی فصل ہے یہ کونسا موسم آخر
باغباں کوئی نہیں ہے کوئی صیّاد نہیں

زندگی کیسے کٹے گی ترے دیوانوں کی
ایک مدت سے کرم اے ستم ایجاد نہیں
جانے کیا ربط ہے اس چشمِ کرم سے قیسی!
دل جو آباد نہیں دہر بھی آباد نہیں

یُوں وقت کے پہیئے سے بندھا ہوں یارب
گردش میں ہوں چاہوں کہ نہ چاہوں یارب
شانوں پہ لیے پھرتا ہوں میت اپنی
میں عین جوانی میں مرا ہوں یارب

○

وہ بادل جو دھرتی کی پیاس بُجھانے آتے ہیں
اشکوں کی مانند کبھی انگارے برساتے ہیں

کس سے مَن کی بات کہیں کون ہے میت اندھیرے کا
تارے گونگے رات کٹھور ، دیپک نیند کے ماتے ہیں

اُن سے ملنے کی اُمید اور بھی بڑھتی جاتی ہے
جیسے جیسے نظروں سے دُور وہ ہوتے جاتے ہیں

چاند ترستا رہتا ہے ایک تبسم کی خاطر
درد بھرے نالے جب بھی ہونٹوں پر آجاتے ہیں

جب بھی اکیلی شاموں میں یاد تمہاری آتی ہے
بھیگے بھیگے سے کچھ گیت ساگر پر لہراتے ہیں

آپ کی آہٹ سے سپنے میں چونک تو پڑتے ہیں لیکن
یاس کے پھیلے دامن میں پھر تھک کر سو جاتے ہیں

چمکتی افشاں، دمکتی بِندیا، مچلتے جھومر سنبھلتا گہنا
سنگھار کرتی ہے وہ پری وش کہو بہاروں سے کچھ نہ کہنا

اُمڈ کے آئے ہیں مست بادل چھنک رہی ہے ہوا کی پائل
ہماری تقدیر میں لکھا ہے بھری جوانی کی مار سہنا

کبھی ہمیں مسکرا کے دیکھو کبھی تو نظریں ملا کے دیکھو
ہمیں بھی رُسوا کرے گا اک دِن تمہارا یوں کھوئے کھوئے رہنا

بڑے دنوں میں ملے ہیں ہم سے کہیں نہ دل ان کا ڈوب جائے
برہ کے مارے نین کی ندیا ذرا تو تھم تھم کے آج بہنا

جو آج مجبور ہوں تو کیا ہے کبھی تو تھی رسم و راہ مجھ سے
صبا اگر تو چمن سے گزرے گلوں سے میرا سلام کہنا

عزیز قیسی خبر ہے تم کو کہ لوگ کہنے لگے ہیں کیا کیا
تمہارے حق میں بہت بُرا ہے کسی سے یوں دُور دُور رہنا

○

مرا فسانہ مکمل بھی ناتمام بھی ہے
کہ خاص بھی ہے ترا لطف اور عام بھی ہے

ادا کہ زہر اثر بھی ہے کیفِ جام بھی ہے
اسی کے دم سے محبت سحر بھی شام بھی ہے

چھپا سکو تو چھپا لو کہ رازِ دل کے نقیب
سکوتِ بزم بھی ہے لغزشِ خرام بھی ہے

ستارے چاند، سحر، گیت، شعلہ و شبنم
انہی صفوں میں تری شوخیوں کا نام بھی ہے

ہم ایک وہ ہیں کہ خود مے بھی ہم پہ ناز کرے
وگرنہ بادہ کشی شغلِ خاص و عام بھی ہے

○

میرے رونے پر چھپ چھپ کر ان کا رونا ہائے ہائے
پونچھ کے اُمڈے آنسو، وہ آنچل کا بھگونا ہائے ہائے

تاب کہاں تک لاتا آخر دین اور دُنیا ہار گیا
اک دل پر دو دو نینوں کا جادو ٹونا ہائے رے ہائے

رہ رہ کے وہ کہیں کھو جانا، کہتے کہتے چُپ ہو جانا
محفل محفل اس کافر کا تنہا ہونا ہائے رے ہائے

یہ بے پروا نیند عزیزو قسمت سے ملتی ہے کسی کو
سو فتنوں کا جاگ اُٹھنا ہے ان کا سونا ہائے رے ہائے

اوروں سے ان کا کھل جانا ان جانوں سے گھُل مل جانا
سَو پردوں میں رہ کر بھی بے پردہ ہونا ہائے رے ہائے

جن کے دم سے رونقِ محفل وہ محفل سے گھبراتے ہیں
کیسی عُمر میں بھایا اُن کو گھر کا کونا ہائے رے ہائے

سچ ہے وہ آوارہ قیسیؔ یاد تجھے کیوں آئے لیکن
سلوٹ سلوٹ کیا کہتا ہے تیرا بچھونا ہائے رے ہائے

○

تجھ کو شکوہ تھا کہ اس بزم میں تھے تشنہ دہن
لے دلِ زار لہو سے یہ سبو بھرتے ہیں

ایک وہ دن تھے تیری بزم میں تھے شام و سحر
ایک یہ دن ہیں تصور سے ترے ڈرتے ہیں

ہم وفا پیشہ ہیں، شکوہ کی کہاں تاب ہمیں
زخم اک اور کہ ہم ہنس کے گزر کرتے ہیں

تیری رُسوائی کا لمحہ نہ کہیں آجائے
اس لئے جیب و گریباں سے حذر کرتے ہیں

یوں بھی کٹ جاتی ہے ویرانیٔ گلزار میں عمر
زخم رِستے ہیں تو پھولوں پہ نظر کرتے ہیں

بگڑے تیور بکھرا عالم　　زلف میں ساون نین میں بھادوں
سلگے دل اور بھیگا موسم　　زلف میں ساون نین میں بھادوں

آنکھ میں آنسو مکھ پہ پسینہ　　کانپتے ہونٹ دھڑکتا پسینہ
یک جا دیکھے سارے موسم　　زلف میں میں ساون نین میں بھادوں

شرمیلا سایہ الھڑ پن　　شوخ جوانی بھولا بچپن
شعلہ شبنم شبنم　　زلف میں ساون نین میں بھادوں

او قیسی سے روٹھنے والے　　پریت کو یہ رت راس نہیں ہے
کس دل سے دیکھیں یہ عالم　　زلف میں ساون نین میں بھادوں

○

بے دوار ترا ہم چھوڑ چلے دنیا میں بھٹک کر جی لیں گے
سنبھلے تو سنبھل کر گزرے گی بہکے تو بہک کر جی لیں گے

جب چوکھٹ تیری چھوٹ گئی کیا بستی اور کیا ویرانہ
پربت پربت جنگل جنگل بے کار بھٹک کر جی لیں گے

سُورج کا مِلن قسمت میں نہیں اب رات کا رونا دھونا کیا
ہم دیپ دوانے صبح تلک بس یوں ہی سِسک کر جی لیں گے

آئے تو اندھیرا جا نہ سکا، جائیں تو سویرا آئے گا
ہم صبح کے جِھلمل تارے ہیں کچھ دیر چمک کر جی لیں گے

○

ہر آنکھ لہو ساگر ہے میاں ہر دل پتھر سناٹا ہے
یہ گنگا کس نے پاٹی ہے یہ پربت کس نے کاٹا ہے

چاہت، نفرت، دنیا عقبیٰ یہ خیر خرابی درد دوا
ہر دھندا جی کا جوکھم ہے ہر سودا جان کا گھاٹا ہے

کیا جوگ سمادھی وَر سدھی کیا کشف وکرامت جذب وجنوں
سب آگ ہوا پانی مٹی سب دال نمک اور آٹا ہے

یہ راس رنگ یہ میل مِلن اک ہاتھ میں چاند اک میں سورج
اک رات کا موج مزہ سارا اک دن کا سیر سپاٹا ہے

گھٹ گھاٹ اندھیرا ہے قیسیؔ باندھو گے کہاں نیا اپنی
آواز کسے دو گے قیسیؔ چو دھام یہاں سناٹا ہے

○

رات کی رات پڑاؤ کا میلہ، کوچ کی دھول سویرے
محل مکان کٹیا چھپر سب بنجاروں کے ڈیرے

سورج ڈھلتے ہی گلیوں میں فتنے جاگ اُٹھتے ہیں
رین نہیں جب اپنے بس میں، کیسے رین بسیرے

وہ تو ہم سے سادہ دلوں کا حشر یہی ہونا تھا
ورنہ تم سے ترکِ وفا کے حیلے تھے بہتیرے

جان بچے گی تو پہنچیں گے دادرسوں کے گھر تک
گلی گلی میں موڑ موڑ پر ٹھگ ہیں رستہ گھیرے

چل قیسیؔ میلے میں چل کیا رونا تنہائی کا
کوئی نہیں جب تیرا میرا سب میرے سب تیرے

○

گرتے ہوئے گھر، مٹتے ویرانے ہوئے چہرے
اے سیلِ فنا کیا کیا، کیا جانے ہوئے چہرے

محراب میں آنکھوں کی شمعوں کی طرح سج تھے
یادوں کے خرابے میں افسانے ہوئے چہرے

گنجان ہے آبادی تنہائی کے شہروں میں
کیا جانے کہاں گُم ہیں پہچانے ہوئے چہرے

بند آنکھوں سے دیکھا تو پہچان گئے کیا تھے
کچھ دیکھے ہوئے چہرے کچھ جانے ہوئے چہرے

ہنستے ہوئے چہرے کی روتی ہوئی یادوں سے
جب بسنے لگیں آنکھیں ویرانے ہوئے چہرے

چلتی ہوئی راہوں کی ہر بھیڑ میں اب تک بھی
پل بھر کو بھٹکتے ہیں کچھ جانے ہوئے چہرے

کتبوں کی طرح قیسی جسموں پہ ہیں آویزاں
یہ جانے ہوئے چہرے یہ مانے ہوئے چہرے

غم گرچہ ہیں بے شمار سہنے کے لئے
درماں بھی ہیں صد ہزار کہنے کے لئے
اک پل کی شکستِ خواب کافی ہے مگر
تا عُمر یہاں اُداس رہنے کے لئے

○

کرتے رہو زخموں کا بیاں کون سُنے گا
ویرانے میں پھولوں کی زباں کون سُنے گا

تھا جن سے گلہ تم کو وہ سب ہو گئے پتھر
اب کس کو سناتے ہو میاں کون سُنے گا

انبوہ یہ لاشوں کے ہے اک جشن کا عالم
اک نالۂ بربادیٔ جاں کون سُنے گا

آفاق ہیں ظلمات میں گُم خود کو صدا دو
کیا جانے یہ آواز کہاں کون سُنے گا

خود اُس کا ہی دل دور ہے جب اُس کی زباں سے
قیسیؔ سے غمِ دل زدگاں کون سُنے گا

○

ہر حسیں شخص کو کب چاہتے ہیں
جس میں ہو کچھ تری چھب چاہتے ہیں

دردِ جاں صبر طلب چاہتے ہیں
کوئی جینے کا سبب چاہتے ہیں

اک تمھی ہم سے کھنچے ہو ورنہ
چاہنے والوں کو سب چاہتے ہیں

ہم بھی کچھ اپنا تکلف چھوڑیں
وہ بھی کچھ ترکِ ادب چاہتے ہیں

حیرتِ غم سے یہ خالی تب و روز
سانحہ کوئی عجب چاہتے ہیں

○

بجائے دل کوئی انگارہ دے دیا مجھ کو
عطا کے نام پہ کیسی ملی سزا مجھ کو

یہ بادِ گردِ فنا کب سے ہوں میں گردش میں
میں تھک گیا ہوں ٹھکانے سے تو لگا مجھ کو

فسانہ ختم تھا وہ مِل چکے تھے اُس کے بعد
یہ خیر گزری کہ میں ڈھونڈتا رہا مجھ کو

تعلقات کے اِس بے کراں سمندر میں
میں ایک پل کا جزیرہ ہوں بھول جا مجھ کو

عجب سزا تھی کہ قاتل رہا قصاص طلب
تمام عمر مِلا میرا خوں بہا مجھ کو

وہ مر چکا تھا مگر کل نشہ کے عالم میں
عزیز قیسی اسی طرح پھر مِلا مجھ کو

رؤف خلش

کا شعری مجموعہ

شاخسانہ

(بین الاقوامی ایڈیشن)

منظر عام پر آچکا ہے